[Wissen für die Praxis]

Weiterführend empfehlen wir:

Aktuelles Gewerberecht
Kommentar zum Gewerberecht inkl. Online- Dienst
ISBN 978-3-8029-1805-6

Aktuelles Gaststättenrecht
Kommentar zum Gaststättengesetz inkl. Online-Dienst
ISBN 978-3-8029-2048-6

Arbeit sichern - Positives Krisenmanagement
ISBN 978-3-96186-4742-1

Wir freuen uns über Ihr Interesse an diesem Buch. Gerne stellen wir Ihnen zusätzliche Informationen zu diesem Programmsegment zur Verfügung.

Bitte sprechen Sie uns an:

E-Mail: WALHALLA@WALHALLA.de
http://www.WALHALLA.de

Walhalla Fachverlag · Haus an der Eisernen Brücke · 93042 Regensburg
Telefon 0941 5684-0 · Telefax 0941 5684-111

Christian Hofmann

Gewerbebetriebe in der Pandemie

Schutzmaßnahmen, Datenschutz, Sanktionen, Arbeits- und Vertragsrecht

Bibliografische Information der Deutschen Nationalbibliothek
Die Deutsche Nationalbibliothek verzeichnet diese Publikation in der Deutschen
Nationalbibliografie; detaillierte bibliografische Daten sind im Internet über
http://dnb.dnb.de abrufbar.

Zitiervorschlag:
Christian Hofmann, Gewerbebetriebe in der Pandemie – Schutzmaßnahmen,
Datenschutz, Sanktionen, Arbeits- und Vertragsrecht
Walhalla Fachverlag, Regensburg 2021

Hinweis: Unsere Werke sind stets bemüht, Sie nach bestem Wissen zu informieren.
Alle Angaben in diesem Buch sind sorgfältig zusammengetragen und geprüft. Durch
Neuerungen in der Gesetzgebung, Rechtsprechung sowie durch den Zeitablauf ergeben
sich zwangsläufig Änderungen. Bitte haben Sie deshalb Verständnis dafür, dass wir für die
Vollständigkeit und Richtigkeit des Inhalts keine Haftung übernehmen.
Bearbeitungsstand: Januar 2021

Produktion: Walhalla Fachverlag, 93042 Regensburg
Printed in Germany
ISBN 978-3-8029-1544-4

Schnellübersicht

1

2

3

4

5

Leitfaden durch den Rechtsdschungel

Wenn man es ganz genau nimmt, ist das Coronavirus SARS-CoV-2 und die entsprechende Krankheit COVID-19 als Pandemie zwar eines natürlichen Ursprungs, gleichwohl aber keine Naturkatastrophe (so jedenfalls das Bundesamt für Bevölkerungsschutz und Katastrophenhilfe im Glossar auf seiner Internetseite). Aber wer, von notorischen Leugnern einmal abgesehen, würde bezweifeln, dass uns das Virus wie ein Tsunami überwältigt hat und einfach (noch) nicht zurückweichen will?

Die Folge war zunächst ein erster Lockdown im Frühjahr 2020, indes, wenn man erneut penibel sein möchte: War dies überhaupt ein „echter" Lockdown oder am Ende gar ein Shutdown (siehe zu den Begrifflichkeiten *Klosa-Kückelhaus*, 2020, S. 1 ff.)? Es folgte eine Phase der relativen Entspannung mit allmählichen Lockerungen, bis es im November 2020 zu einem „Teil-Lockdown" kam, der im Dezember 2020 in einen „Harten Lockdown" überging.

Gewerbebetriebe sind in alledem gefangen zwischen Hoffen und Bangen: Zu Zeiten der (teilweisen) Lockdowns werden bestimmte Einrichtungen geschlossen, andere dürfen indes unter verschärften Bedingungen weiterwirtschaften. Aber auch in Phasen der Entspannung gelten strenge Vorgaben: Gästelisten in der Gastronomie, Hygienekonzepte, um nur einige zu nennen.

Dieses Buch will Gewerbebetriebe durchs Labyrinth des Rechts führen. Es gliedert sich wie folgt:

Kapitel 1 erklärt die staatsrechtlichen Hintergründe und richtet den Blick auf den neuen § 28a IfSG. Diese Norm sieht insgesamt 17 Schutzmaßnahmen zur Bekämpfung der Pandemie vor. Die gewerberelevanten Regelbeispiele werden in **Kapitel 2** erläutert, ehe ein Abgleich mit den entsprechenden Bestimmungen in den Corona-Verordnungen der Bundesländer erfolgt. Eine zentrale Rolle spielt dabei der Datenschutz im Hinblick auf die Kontaktdatenerfassung – z. B. im Rahmen von Gästelisten in der Pandemie. Zu guter Letzt werden etwaige Sanktionen diskutiert: Welche Rolle spielt das Hausrecht? Was haben die Länder in ihren Verordnungen geregelt?

Kapitel 3 versteht sich als kleiner arbeitsrechtlicher Leitfaden. Abgerundet wird das Buch schließlich durch ausgewählte Probleme im Vertrags- und Veranstaltungsrecht in **Kapitel 4**.

Leitfaden durch den Rechtsdschungel

Zur besseren Lesbarkeit wird in dem vorliegenden Buch auf die gleichzeitige Verwendung männlicher und weiblicher Sprachformen verzichtet. Es wird das generische Maskulinum verwendet, wobei beide Geschlechter gleichermaßen gemeint sind.

Christian Hofmann

Februar 2021

Abkürzungsverzeichnis

Abs.	Absatz
AGG	Allgemeines Gleichbehandlungsgesetz
AHA+L-Regel	Abstand halten – Hygieneregeln beachten – Alltagsmaske + Lüften
ArbschG	Gesetz über die Durchführung von Maßnahmen des Arbeitsschutzes zur Verbesserung der Sicherheit und des Gesundheitsschutzes der Beschäftigten bei der Arbeit
Art.	Artikel
Az.	Aktenzeichen
BayIfSMV	Bayerische Infektionsschutzmaßnahmenverordnung
BayVGH	Bayerischer Verwaltungsgerichtshof
Beschl.	Beschluss
BetrVG	Betriebsverfassungsgesetz
BGB	Bürgerliches Gesetzbuch
BT-Drs.	Bundestags-Drucksache
BVerfGE	Entscheidungssammlung des Bundesverfassungsgerichts
d. h.	das heißt
DSGVO	Datenschutzgrundverordnung
EFZG	Entgeltfortzahlungsgesetz
EGBGB	Einführungsgesetz zum Bürgerlichen Gesetzbuch
GewO	Gewerbeordnung
GG	Grundgesetz
ggf.	gegebenenfalls
GMBl.	Gemeinsames Ministerialblatt
i. d. R.	in der Regel
IfSG	Infektionsschutzgesetz
i. V. m.	in Verbindung mit
MNB	Mund-Nasen-Bedeckung
OVG	Oberverwaltungsgericht
Rn.	Randnummer
RKI	Robert-Koch-Institut
S.	Seite
SGB	Sozialgesetzbuch
StPO	Strafprozessordnung
VO	Verordnung
u. a.	unter anderem
z. B.	zum Beispiel
z. T.	zum Teil

Das Grundgesetz in Zeiten der Corona-Pandemie

1. Allgemeine Fragen

Muss ich die staatlichen Freiheitsbeschränkungen hinnehmen? Welche Rolle spielt bei alledem noch das Parlament? Weshalb können die Bundesländer unterschiedliche Maßnahmen ergreifen? Was hat es mit der „Verhältnismäßigkeit" auf sich, die zurzeit in aller Munde ist? Ist es gerecht, ein Tattoo-Studio zu schließen, währenddessen ein Friseur weiter sein Handwerk verrichten darf?

Es ist mehr als verständlich und menschlich, dass Gewerbetreibende über diesen Fragen verzweifeln. Der Weg durchs Labyrinth kann gleichwohl schwierig sein, die Gefahr zu irrlichtern ist groß angesichts von Fake News und Lügen. Eine kritische Diskussion staatlicher Maßnahmen ist in einer Demokratie unabdingbar, wenngleich man sich auf die Grundannahme verständigen sollte, dass die Corona-Pandemie keine vom Staat auferlegte Steuer ist, die er nach Belieben zurücknehmen kann, denn es ist eine Last, die die Natur dem Menschen auferlegt hat.

2. Rechtsgrundlagen für Maßnahmen

Einführung des neuen § 28a IfSG

War es Unwissenheit oder am Ende gar Arglist? Als im November 2020 die Einführung eines neuen § 28a Infektionsschutzgesetz (IfSG) diskutiert worden ist, war der Aufschrei unter Gegnern der Corona-Politik groß und die Begriffe „Ermächtigungsgrundlage" und „Ermächtigungsgesetz" wurden synonym verwendet. Dies ist grundfalsch und es muss wie folgt differenziert werden:

Nach Art. 80 GG kann ein Gesetz zum Erlass von Rechtsverordnungen ermächtigen. Ein Beispiel hierfür ist § 32 IfSG, der die Landesregierungen zum Erlass der „Corona-Verordnungen" ermächtigt: Man spricht insofern von einem ermächtigenden Gesetz (*Creifelds*, 2020, Ermächtigungsgesetz).

Art. 20 Abs. 3 GG bindet die Verwaltung an Recht und Gesetz, d. h., sie darf nur dann in Rechte des Einzelnen eingreifen, wenn ihr hierfür in einem Gesetz die Ermächtigung erteilt wurde; man spricht insofern von einer Ermächtigungsgrundlage und als solche erscheint der neu eingeführte § 28a IfSG i. V. m. § 28 IfSG (dazu *Creifelds*, 2020, Rechtsgrundlage).

Mit dem Ermächtigungsgesetz aus dem Jahre 1933 hat sich der Reichstag selbst entmachtet und die Gesetzgebungsfunktion auf die Reichsregierung übertragen. Ein Vergleich mit dieser „Eröffnung des Weges in die Diktatur" (*Creifelds*, 2020, Ermächtigungsgesetz) verbietet sich, denn mit der Änderung des Infektionsschutzgesetzes wurde die Rolle unseres Gesetzgebungsorgans wieder gestärkt. Freilich muss abgewartet werden, ob die Neufassung einer Normenkontrolle standhält und ob das Parlament dann ggf. „nachbessern" muss.

1

Der § 28 IfSG

Bis in den November 2020 hinein wurden Maßnahmen zur Bekämpfung der Corona-Pandemie auf die §§ 28 ff. und 32 IfSG gestützt. Infolgedessen kam es einerseits zu erheblichen Grundrechtseingriffen und andererseits zur Frage, ob dies alles noch in Einklang mit den Anforderungen des Parlamentsvorbehalts aus Art. 80 GG zu bringen sei: Der Gesetzgeber hat hierauf Mitte November 2020 mit einer gesetzlichen Präzisierung im Hinblick auf Dauer, Reichweite und Intensität möglicher Maßnahmen reagiert (BT-Drs. 19/23944 vom 03.11.2020, S. 21).

Als Rechtsgrundlage rückt nun § 28 IfSG i. V. m. dem neu eingeführten § 28a IfSG in den Blick, der besondere Schutzmaßnahmen zur Verhinderung der Verbreitung von COVID-19 vorsieht. Des Weiteren können die Landesregierungen nach § 32 IfSG unter den Voraussetzungen von § 28 Abs. 1 IfSG und § 28a Abs. 1 IfSG eigene Rechtsverordnungen erlassen, die Gebote und Verbote zur Bekämpfung der Pandemie vorsehen. Die Inhalte der entsprechenden Landes-Rechtsverordnungen werden im zweiten Kapitel näher erläutert.

§ 28 Abs. 1 IfSG regelt zunächst Folgendes:

„Werden Kranke, Krankheitsverdächtige, Ansteckungsverdächtige oder Ausscheider festgestellt oder ergibt sich, dass ein Verstorbener krank, krankheitsverdächtig oder Ausscheider war, so trifft die zuständige Behörde die **notwendigen Schutzmaßnahmen insbesondere die in § 28a Absatz 1 und in den §§ 29 bis 31 genannten,** soweit und solange es zur Verhinderung der Verbreitung übertragbarer Krankheiten erforderlich ist ...".

§ 28a Abs. 1 IfSG sieht entsprechende besondere Schutzmaßnahmen in diesem Sinne vor, speziell um COVID-19 zu verhindern. Dies gilt für die Dauer der Feststellung einer epidemischen Lage von nationaler Tragweite durch den Deutschen Bundestag, so geschehen im März 2020.

1

Allerdings kann § 28a IfSG auch nach dem Ende einer epidemischen Lage von nationaler Tragweite angewendet werden, solange und soweit sich COVID-19 nur in einzelnen Ländern ausbreitet und das Parlament in einem betroffenen Land die Anwendbarkeit der Norm dort feststellt, § 28a Abs. 7 IfSG.

Diese Ermächtigungsgrundlage wurde im Laufe ihres (kurzen) Entstehungsprozesses stark kritisiert (*Kießling*, 2020, S. 1ff.; *Klafki*, 2020, S. 1ff.), im Rechtsausschuss mehrfach modifiziert, ehe die finale Fassung am 18.11.2020 sowohl den Bundestag als auch den Bundesrat passierte.

Es handelt sich bei § 28a IfSG um eine Sonderregelung; Rechtsgrundlage für Schutzmaßnahmen ist nach wie vor der § 28 Abs. 1 Satz 1 IfSG (*Johann/Gabriel*, § 28a IfSG, Rn. 1 und 3).

3. Inhalt des § 28a IfSG

§ 28a Abs. 1 IfSG enthält einen nicht abschließenden Katalog an Regelbeispielen: Hier könnte es problematisch sein, wenn behördliche Maßnahmen außerhalb des Regelbeispielskatalogs zu intensiven Grundrechtseingriffen führten (*Eibenstein*, 2020a, S. 858). Die für Gewerbetreibende einschlägigen Regelbeispiele werden, unter Bezugnahme auf die jeweiligen Verordnungen der Länder, im zweiten Kapitel näher vorgestellt.

Insbesondere kommen folgende Schutzmaßnahmen in Betracht:

1. Anordnung eines Abstandsgebots im öffentlichen Raum,

2. Verpflichtung zum Tragen einer Mund-Nasen-Bedeckung (Maskenpflicht),

3. Ausgangs- oder Kontaktbeschränkungen im privaten sowie im öffentlichen Raum,

4. Verpflichtung zur Erstellung und Anwendung von Hygienekonzepten für Betriebe, Einrichtungen oder Angebote mit Publikumsverkehr,

5. Untersagung oder Beschränkung von Freizeitveranstaltungen und ähnlichen Veranstaltungen,

6. Untersagung oder Beschränkung des Betriebs von Einrichtungen, die der Freizeitgestaltung zuzurechnen sind,

7. Untersagung oder Beschränkung von Kulturveranstaltungen oder des Betriebs von Kultureinrichtungen,

8. Untersagung oder Beschränkung von Sportveranstaltungen und der Sportausübung,

9. Umfassendes oder auf bestimmte Zeiten beschränktes Verbot der Alkoholabgabe oder des Alkoholkonsums auf bestimmten öffentlichen Plätzen oder in bestimmten öffentlich zugänglichen Einrichtungen,

10. Untersagung von oder Erteilung von Auflagen für das Abhalten von Veranstaltungen, Ansammlungen, Aufzügen, Versammlungen sowie religiösen oder weltanschaulichen Zusammenkünften,

11. Untersagung oder Beschränkung von Reisen; dies gilt insbesondere für touristische Reisen,

12. Untersagung oder Beschränkung von Übernachtungsangeboten,

13. Untersagung oder Beschränkung des Betriebs von gastronomischen Einrichtungen,

14. Schließung oder Beschränkung von Betrieben, Gewerben, Einzel- oder Großhandel,

15. Untersagung oder Beschränkung des Betretens oder des Besuchs von Einrichtungen des Gesundheits- oder Sozialwesens,

16. Schließung von Gemeinschaftseinrichtungen im Sinne von § 33, Hochschulen, außerschulischen Einrichtungen der Erwachsenenbildung oder ähnlichen Einrichtungen oder Erteilung von Auflagen für die Fortführung ihres Betriebs oder

17. Anordnung der Verarbeitung der Kontaktdaten von Kunden, Gästen oder Veranstaltungsteilnehmern, um nach Auftreten einer Infektion mit dem Coronavirus SARS-CoV-2 mögliche Infektionsketten nachverfolgen und unterbrechen zu können.

Kritik an der Regelung des § 28a IfSG

An dieser Technik mit Regelbeispielen kann grundsätzlich kritisiert werden, dass hier die seit Frühjahr geläufigen Schutzmaßnahmen aufgelistet und auf einen Schlag vom Parlament abgesegnet werden (*Kießling*, 2020, S. 4). Ferner stellt sich die Frage, ob es nicht, wie im Polizeirecht geläufig, besser gewesen wäre, Standardmaßnahmen einzuführen (*Eibenstein*, 2020a, S. 859).

Für grundrechtssensible Bereiche (Versammlungen, Gottesdienste, Ausgangsbeschränkungen, Besuche in Pflegeheimen) sieht § 28a Abs. 2 IfSG verschärfte Anforderungen vor. Nach § 28a Abs. 3 IfSG sind Entscheidungen über Schutzmaßnahmen insbesondere an dem Schutz von Leben und Gesundheit und der Funktionsfähigkeit des

1

Gesundheitssystems auszurichten. Dies wird als zu unbestimmt kritisiert (*Kießling*, Twitter, 17.11.2020). Absatz 3 knüpft des Weiteren an Schwellenwerte an (Anzahl der Neuinfektionen je 100.000 Einwohner innerhalb von sieben Tagen), d. h., die Schwere der Schutzmaßnahmen orientiert sich am 7-Tage-Inzidenzwert. Die Koppelung schwerer Grundrechtseingriffe an einen solchen Wert wird z. T. kritisch beäugt (*Eibenstein*, 2020a, S. 858).

Von Bedeutung ist ferner § 28a Abs. 4 IfSG: Hier wurde die Pflicht zur Kontakdatenerhebung präzisiert bzw. eingegrenzt. Des Weiteren müssen Rechtsverordnungen der Länder einerseits mit einer allgemeinen Begründung versehen und andererseits zeitlich befristet werden: Dem Gesetz schwebt ein Zeitraum von vier Wochen vor, der allerdings verlängert werden kann (siehe § 28a Abs. 5 IfSG). In der Praxis arbeiten Behörden häufig mit Allgemeinverfügungen; dass diese nicht zeitlich begrenzt werden müssen, ist gleichfalls problematisch (*Kießling*, Twitter, 17.11.2020).

Nach Absatz 6 können Schutzmaßnahmen kumulativ angeordnet werden; diese Aussage hat indes nur eine klarstellende Funktion (*Johann/Gabriel*, § 28a IfSG, Rn. 46).

Erste Entscheidungen der Gerichte

Inzwischen gibt es erste Entscheidungen und der BayVGH hält § 28a IfSG für verfassungsgemäß (BayVGH, Beschl. v. 08.12.2020 – Az. 20 NE 20.2461): Zwar räume diese Norm sehr weitgehende Befugnisse ein und es komme zu tiefen Eingriffen in die Grundrechte der Betroffenen, doch müsse berücksichtigt werden, dass diese Befugnisse allein auf das Ereignis der Corona-Pandemie zugeschnitten seien. Der Bundestag habe im Rahmen einer Gefährdungseinschätzung seinen Gestaltungsspielraum nicht überschritten. Auch habe der Gesetzgeber den Behörden und Fachgerichten genügend Spielraum belassen, um eine verhältnismäßige Anwendung der Ermächtigungsgrundlage im Einzelfall sicherzustellen. Insbesondere habe der Gesetzgeber durch § 28a IfSG die bisherigen Zweifel des Senats zur Frage des Parlamentsvorbehalts ausgeräumt.

4. Der Parlamentsvorbehalt

Die Wesentlichkeitstheorie bzw. der Parlamentsvorbehalt verpflichten den Gesetzgeber vor allem im Bereich der Grundrechtsausübung dazu, alle wesentlichen Entscheidungen selbst zu treffen (so z. B. BVerfGE 49, 89, 126).

Dass dieser Grundsatz eingehalten wurde, wurde im Hinblick auf die Corona-Verordnungen der Länder und die Beschlüsse der Bundeskanzlerin mit den Ministerpräsidenten stellenweise bezweifelt (*Frenz*, 2020, S. 795 f.). Der Gesetzentwurf zur Einführung des § 28a IfSG nimmt hierzu wie folgt Stellung:

„Um den verfassungsrechtlichen Anforderungen des Parlamentsvorbehalts aus Artikel 80 Absatz 1 Satz 1 und 2 des Grundgesetzes angesichts der länger andauernden Pandemielage und fortgesetzt erforderlichen eingriffsintensiven Maßnahmen zu entsprechen, ist eine gesetzliche Präzisierung im Hinblick auf Dauer, Reichweite und Intensität möglicher Maßnahmen angezeigt. Der Gesetzgeber nimmt vorliegend die Abwägung der zur Bekämpfung einer epidemischen Lage von nationaler Tragweite erforderlichen Maßnahmen und der betroffenen grundrechtlichen Schutzgüter vor und regelt somit die wesentlichen Entscheidungen" (BT-Drs. 19/23944 vom 03.11.2020, S. 2).

Dass es sich bei den Grundrechtseingriffen um wesentliche Entscheidungen handelt, steht außer Frage, man denke etwa an Eingriffe in die Berufsfreiheit der Gewerbetreibenden aus Art. 12 GG. Bei aller berechtigten Kritik am bisherigen Prozedere: Das Infektionsgeschehen kann sich rasch ändern und es muss mitunter zügig entgegengesteuert werden. Ein langwieriges Gesetzgebungsverfahren stößt hier an seine Grenzen, wohingegen Rechtsverordnungen schnellere und dienlichere Instrumente sind (OVG Berlin-Brandenburg, Beschl. v. 04.11.2020 – Az. 11 S 101/20, Rn. 23; *Frenz*, 2020, S. 796).

5. Welchen Spielraum hat der Staat?

„ …bei etwas anderem bin ich ausdrücklich Ihrer Meinung – das will ich auch grundsätzlich zu anderen Debatten, etwa auch gerade zur Maske und anderem, sagen –, dass wir nämlich miteinander in ein paar Monaten wahrscheinlich viel werden verzeihen müssen, weil noch nie – ja, Sie mögen lachen; ich will es trotzdem mal sagen – in der Geschichte der Bundesrepublik und vielleicht auch darüber

hinaus in so kurzer Zeit unter solchen Umständen mit dem Wissen, das verfügbar ist und mit all den Unwägbarkeiten, die da sind, so tiefgreifende Entscheidungen haben getroffen werden müssen; das hat es so noch nicht gegeben. Ich bin immer ganz neidisch auf diejenigen, die schon immer alles gewusst haben" (Jens Spahn in einer Regierungsbefragung des Bundestages am 22.04.2020).

1

Je mehr Unsicherheit, umso mehr Spielraum

Das BVerfG hat im Mai 2020 in einem Beschluss festgehalten, dass es auch fachwissenschaftlich nicht gesichert sei, welche Lockerungsmaßnahmen zu welchen genauen Auswirkungen auf das Infektionsgeschehen führten; vielmehr werde in Studien selbst erklärt, dass Einschätzungen auf Szenarien beruhen, die von zahlreichen Faktoren abhängig sind, welche wiederum nicht sicher prognostizierbar seien; insofern habe der Gesetzgeber einen weiten Einschätzungs-, Wertungs- und Beurteilungsspielraum (BVerfG, Beschl. v. 12.05.2020 – Az. 1 BvR 1027/20). Der Staat ist daher geradezu gezwungen, Maßnahmen auszuprobieren und muss dabei abwägen, welche Maßnahme in welchem gesellschaftlichen Bereich als adäquat erscheint. Der Frühjahrslockdown war gewiss erfolgreich, wenngleich man hier angesichts der dramatischen Entwicklung zunächst nicht zum Skalpell, sondern zum Hammer gegriffen hat. Dies birgt stets die Gefahr einer Fehleinschätzung. Der Einschätzungsspielraum kann gleichwohl mit zunehmendem Erkenntnisgewinn über die Pandemie oder angesichts schwerer Grundrechtsbelastungen geringer werden; hierauf kann aber beispielsweise mit Befristungen und Lockerungen reagiert werden (OVG Berlin-Brandenburg, Beschl. v. 22.05.2020 – Az. 11 S 51/20). Festgehalten werden kann insofern: Je mehr man im Hinblick auf Virus und Pandemie im Dunkeln tappt, desto größer sind die Einschätzungs- und Gestaltungsspielräume der Exekutive und der Judikative (*Kersten/Rixen*, 2020, S. 49).

Problem „Lokalisierung"

Eine weitere Schwierigkeit liegt u. a. darin, dass in einem beachtlichen Teil der Fälle der Ausbruchsort nicht lokalisierbar ist. Das Robert-Koch-Institut (RKI) kommt im November 2020 zum Ergebnis, nur etwa ein Fünftel der insgesamt gemeldeten COVID-19-Fälle könne einem Ausbruch zugeordnet werden, sodass für eine Vielzahl der Fälle Informationen zur Infektionsquelle schlichtweg fehlen (täglicher Lagebericht des RKI vom 24.11.2020, S. 11). Sind es die

Gaststätten, der ÖPNV oder doch die Schulen? Risikoherde sind gewiss Orte, wo sich viele Menschen für längere Zeit begegnen und ohne Abstand oder Masken laut reden oder singen. Hier rückt zusehends der private Bereich als Pandemietreiber in den Fokus. Die Bandbreite staatlicher Maßnahmen reicht hier von Appellen an die Vernunft bis hin zu Kontaktbeschränkungen im privaten Bereich. Freilich steht der Staat hier vor dem Problem, dass die private Kellerparty schwerer zu erfassen ist als Verstöße im öffentlichen Raum. Auch kann und muss die Frage aufgeworfen werden, ob alles, was erlaubt (oder gewollt) auch vernünftig ist, und da gibt es kein Vorbeikommen am Thema „Schulen". Dort sitzen Menschen ohne Abstand in engen Räumen, ein Lüften ist oft nicht möglich, Luftreiniger wird man in den meisten Klassenzimmern vergeblich suchen, von überfüllten Schulbussen ganz zu schweigen. Vor dem Hintergrund, dass der Schulen-Lockdown im Frühjahr schwerwiegende Folgen hatte – Bildungsnachteile, Fälle häuslicher Gewalt, Betreuungsprobleme berufstätiger Eltern –, hat sich der Staat im Herbst bewusst dafür entschieden, die Schulen offen zu halten, so lange es irgend geht. Der Staat hat angesichts der steigenden Infektionszahlen eine Abwägung getroffen, und zwar zugunsten der Schulen (vom Infektionsrisiko für Schüler und Lehrkräfte freilich abgesehen) und zulasten ausgewählter Bereiche wie Gastronomie oder Einrichtungen in den Feldern Kultur und Freizeit, Fitnessstudios. Das BVerfG (BVerfG, Urt. v. 11.11.2020 – Az. 1 BvR 2530/20) hat hierzu in dem Verfahren über die Verfassungsbeschwerde einer Filmtheaterbetreiberin wie folgt entschieden:

„Über den Herbst und Winter müsse mit einer erheblichen Belastung des Gesundheitssystems gerechnet werden. Die Ursachen für die Anstiege seien diffus, indes habe man Häufungen im Zusammenhang mit dem Freizeitverhalten der Menschen beobachtet, sodass nicht ausgeschlossen werden könne, dass auch die Gastronomie zum Infektionsgeschehen beitrage. Das Prinzip des Teil-Lockdowns beruhe auf einem Gesamtkonzept, in dessen Rahmen insbesondere Schulen und eine große Zahl von Betrieben geöffnet bleiben sollen. Dafür müssten anderswo Kontakte unterbunden werden. Hätten einzelne Klagen betroffener Betreiber Erfolg, riskierte man insgesamt, die Kontrolle über das Infektionsgeschehen zu verlieren. Hat ein Gericht daher über eine einzelne Maßnahme zu befinden, darf der Blick aufs große Ganze nicht verloren gehen, dies wäre, als zöge man eine tragende Karte aus einem Kartenhaus heraus."

6. Sind die Maßnahmen „gerecht" und verhältnismäßig?

Gesamtbetrachtung nötig

1

Die Stigmatisierung dieser Maßnahmen als ungerecht und beliebig zu empfinden, ist menschlich verständlich. Doch wenn sich der Gesetzgeber für ein Maßnahmenbündel entscheidet, ist eine Gesamtbetrachtung notwendig, unter Beachtung des Gleichheitssatzes und der Verhältnismäßigkeit. Man kann nicht einfordern, dass der Staat für jede Einzelmaßnahme isoliert den Nachweis erbringt, dass gerade diese Untersagung das Infektionsgeschehen nachweislich eindämme: Wie könnte angesichts der Tatsache, dass die Wissenschaft z. T. selbst noch im Dunkeln tappt, der Nachweis denn geführt werden (*Frenz*, 2020, S. 796)?

Bedauerlicherweise hat sich im Dezember 2020 gezeigt, dass der „Teil-Lockdown" nicht ausreicht und es kam zu verschärften Maßnahmen; so wurden Teile des Einzelhandels und Dienstleistungsbetriebe im Bereich der Körperpflege geschlossen und der Staat hat sich auch an das hochsensible Thema der Schulen herangewagt und diese zunächst geschlossen bzw. die Präsenzpflicht ausgesetzt (siehe dazu den Beschluss anlässlich der Telefonkonferenz der Bundeskanzlerin mit den Regierungschefinnen und Regierungschefs der Länder vom 13.12.2020).

Wie bestimmt sich die Verhältnismäßigkeit?

Das Verhältnismäßigkeitsprinzip findet seine Grundlage im Rechtsstaatsprinzip (dazu eingehend *Maunz/Dürig*, Art. 20 GG, Rn. 107 ff.). Hiernach müssen alle staatlichen Eingriffe in Rechte des Einzelnen (Gesetze, gerichtliche Entscheidungen, Rechtsakte der Verwaltung)

- einem legitimen Zweck dienen und

- geeignet,

- erforderlich und

- angemessen

sein.

- Maßnahmen sind geeignet, wenn sie den gewünschten Zweck zumindest fördern.

- Bei der Erforderlichkeit stellt sich die Frage: Gibt es ein gleich wirksames, aber milderes Mittel?

- Im Rahmen der Angemessenheit (oder Verhältnismäßigkeit im engeren Sinn) muss geprüft werden, ob die Nachteile für den Betroffenen außer Verhältnis zum bezweckten Erfolg stehen.

1

- Der Zweck staatlicher Maßnahmen ist der Schutz von Leben und Gesundheit der Menschen (Art. 2 Abs. 2 GG); ferner gilt es, die Leistungsfähigkeit des Gesundheitssystems zu erhalten.

7. Ausgewählte gewerberelevante Grundrechtseingriffe

Demgegenüber führen die entsprechenden Schutzmaßnahmen zu Grundrechtseingriffen: aus Sicht der Gewerbetreibenden sind betroffen z. B.

- der Allgemeine Gleichheitssatz (Art. 3 Abs. 1 GG) sowie

- die Berufsfreiheit (Art. 12 GG) und

- die Eigentumsgarantie aus Art. 14 GG.

Nur kann die Abwägung nicht einseitig stets zugunsten von Leben und Gesundheit ausfallen, denn auch in dieses Grundrecht darf aufgrund eines Gesetzes eingegriffen werden, Art. 2 Abs. 2 Satz 3 GG.

Vielleicht hilft folgender Vergleich: Wir alle sind seit Beginn der Pandemie bestens mit Grafiken vertraut, in denen die Zahl der COVID-19-Fälle im Frühjahr 2020 steil nach oben ging, ehe die Kurve abflachte und sich die zweite Welle mit Beginn der kalten Jahreszeit bedrohlich aufbäumte. Nun kann man sich, vereinfacht gesagt, diese Grafiken als Schablone für Schutzmaßnahmen vorstellen:

Steigt die Kurve, dann fällt die Abwägung zugunsten des Schutzes von Leben und Gesundheit aus und mit dem Abflachen der Kurve kann die Verhältnismäßigkeit dem Staat gebieten, die Maßnahmen wieder zu lockern (*Kersten/Rixen*, 2020, S. 51).

Pandemiebekämpfungsmaßnahmen gehen mit Grundrechtseingriffen einher. Diese können (vergleichsweise) milde sein, wie etwa die Maskenpflicht. Sie können aber auch die Existenz des Betroffenen gefährden, z. B. im Falle von Betriebsuntersagungen. Der Unmut ist verständlich:

„Weshalb muss ich mein Kosmetikstudio schließen, und der Friseur nebenan darf munter die Haare seiner Kunden schneiden?"

1 *„Weshalb macht mir der Staat meine Gaststätte dicht, wo ich doch ein ausgefeiltes Hygienekonzept habe und sogar Luftreiniger verwende?"*

Nach Art. 3 Abs. 1 GG sind alle Menschen vor dem Gesetz gleich. Im Frühjahr sorgte beispielsweise die 800-Quadratmeter-Regel für Unmut, nach der grundsätzlich nur Geschäfte öffnen durften, die weniger als 800 Quadratmeter groß sind (dazu eingehend *Lutz*, § 32 IfSG, Rn. 13). Fraglich ist, weshalb nicht danach differenziert wurde, ob das Geschäft in einer Innenstadt oder im ländlichen Bereich liegt. Weshalb darf ein großes Geschäft seine Verkaufsfläche nicht auf 800 Quadratmeter beschränken? Warum werden manche (z. B. der Buchhandel) privilegiert? Diese Regelung wurde in einigen Bundesländern durch die Gerichte gekippt und es hat sich gezeigt, dass Differenzierungen (z. B. Personenzahl pro Quadratmeter) sinnvoller sind als pauschale Vorgaben (*Kersten/Rixen*, 2020, S. 57).

Sind Gründe für Differenzierungen vorhanden?

Bei Ungleichbehandlungen stellt sich immer die Frage, ob es Gründe gibt, die eine Differenzierung rechtfertigen. Gewiss kommt die Kosmetikerin ihren Kunden ähnlich nahe wie der Friseur. Hier kann die Differenzierung jedoch insofern gerechtfertigt werden, als die Friseurdienstleistung der Grundversorgung der Bevölkerung dient und es nicht ersichtlich ist, dass z. B. das Tätowieren zum Grundbedarf gehört (OVG Berlin-Brandenburg, Beschl. v. 04.11.2020 – Az. 11 S 101/20, Rn. 44).

Betriebsschließungen (z. B. in der Gastronomie) führen zu hohen finanziellen Verlusten und können im Extremfall existenzvernichtend sein; insofern handelt es sich um Eingriffe in die Berufs- und Eigentumsfreiheit der Gewerbetreibenden aus Art. 12 Abs. 1, Art. 14 Abs. 1 Satz 1 GG.
Das BVerfG (Beschl. v. 11.11.2020 – Az. 1 BvR 2530/20) ist sich der Schwere dieses Eingriffs bewusst, kommt jedoch im Verfahren über die Verfassungsbeschwerde einer Filmtheaterbetreiberin anlässlich des „November-Lockdown-Light" zum Ergebnis, dass unter Berücksichtigung des staatlichen Einschätzungsspielraums

das Interesse am Schutz von Leben und Gesundheit überwiegt. Freilich wurden hier zwei wichtige Aspekte mit in die Waagschale geworfen: Die Maßnahmen sind (zunächst) zeitlich befristet und Einbußen werden durch staatliche Hilfen kompensiert.

1

Schutzmaßnahmen zur Pandemiebekämpfung

1. Zahlreiche Schutzmaßnahmen, die Gewerbebetriebe betreffen

Der Bundesgesetzgeber hat im neuen § 28a IfSG insgesamt 17 Schutzmaßnahmen konkretisiert, die zu Grundrechtseinschränkungen führen können. Des Weiteren werden die Landesregierungen nach § 32 IfSG ermächtigt, unter den Voraussetzungen, die für Maßnahmen nach § 28a IfSG maßgebend sind, auch durch Rechtsverordnungen entsprechende Gebote und Verbote zu erlassen. Die Länder werden insofern verstärkt in die Pflicht genommen, als dass die Länder ihre Rechtsverordnungen begründen und zeitlich befristen müssen, wobei die Geltungsdauer grundsätzlich vier Wochen beträgt und verlängert werden kann, § 28a Abs. 5 IfSG.

Im folgenden Kapitel werden gewerberelevante Schutzmaßnahmen des § 28a Abs. 1 IfSG vorgestellt und es wird untersucht, welche entsprechenden Gebote und Verbote jeweils die Länder erlassen und wie Verstöße sanktioniert werden können.

Im Hinblick auf die Rechtsverordnungen der Länder wird die jeweils aktuellste Verordnung zitiert. Leider müssen diese Rechtsakte mit dem Infektionsgeschehen Schritt halten und werden ständig überarbeitet. In zahlreichen Bundesländern führt dies nicht dazu, dass sich die Reihenfolge der Paragrafen ändert; Neuregelungen werden dann z. B. als „§ 1a, § 1b etc." eingefügt oder man erweitert die Vorschriften um zusätzliche Absätze. Mitunter wird der Leser indes feststellen, dass sich in manchen Bundesländern die Reihenfolge doch verschieben kann; des Weiteren klammern die Rechtsverordnungen mancher Länder Regelungen für bestimmte Gewerbe, die gerade von einer Schließung betroffen sind, komplett aus (z. B. Vorgaben zur Kontaktdatenerhebung in Gaststätten). In diesen Fällen wurde mit einer älteren Version der Verordnung gearbeitet, denn die Vorgaben leben freilich wieder auf, sobald die Untersagung endet.

2. Allgemeine Abstandsgebote

Die bundesrechtliche Vorgabe in § 28a Abs. 1 Nr. 1 IfSG – Abstandsgebot

Nach § 28a Abs. 1 Nr. 1 IfSG kann ein Abstandsgebot im öffentlichen Raum angeordnet werden. Die Begründung hierfür lautet wie folgt (BT-Drs. 19/23944 vom 03.11.2020, S. 31):

„Das Coronavirus SARS-CoV-2 ist grundsätzlich leicht von Mensch zu Mensch übertragbar. Immer dann, wenn viele Menschen aufeinandertreffen, miteinander in Kontakt treten und sich austauschen, ist das Risiko einer Ansteckung besonders groß. Dies gilt nicht nur im privaten, sondern auch im öffentlichen Raum.

Die Anordnung eines Abstandsgebots auch im öffentlichen Raum dient der Eindämmung der Pandemie und kann für die Durchbrechung von Infektionsketten erforderlich sein. So spielen für das Infektionsrisiko Kontakte in Risikosituationen (wie z. B. langer face-to-face Kontakt) eine besondere Rolle. Dies gilt neben Situationen im privaten Umfeld mit Familienangehörigen und Freunden außerhalb des eigenen Haushalts und im beruflichen Umfeld auch im öffentlichen Raum.

Insbesondere steigt die Aerosolausscheidung bei lautem Sprechen, Singen oder Lachen stark an. In Innenräumen steigt hierdurch das Risiko einer Übertragung deutlich, auch über einen größeren Abstand als 1,5 m. Wenn der Mindestabstand von 1,5 m ohne Mund-Nasen-Bedeckung unterschritten wird, z. B. bei größeren Menschenansammlungen, besteht auch im Freien ein erhöhtes Übertragungsrisiko.

Bei einer Ausbreitung der Pandemie kann es daher erforderlich sein, Abstandsgebote konsequent auch in öffentlichen Innenräumen wie auch im Freien einzuhalten und Menschenansammlungen – besonders in Innenräumen – zu vermeiden.“

Die Regelungen der Bundesländer

Baden-Württemberg

In Baden-Württemberg gilt die Verordnung der Landesregierung über infektionsschützende Maßnahmen gegen die Ausbreitung des Virus SARS-CoV-2 (Corona-Verordnung – CoronaVO) vom 30. 11. 2020. § 2 ist den allgemeinen Abstandsregeln gewidmet, d. h., ein Abstand von 1,5 Metern ist einzuhalten, sofern nicht anderweitige Schutzvorrichtungen vorhanden sind (z. B. Plexiglasscheiben), oder

- (im öffentlichen Raum) der Mindestabstand unzumutbar bzw.

- eine Unterschreitung aus besonderen Gründen (z. B. bei einer Notfallsituation) notwendig ist.

2

Unter den **öffentlichen Raum** fällt der für die Allgemeinheit zur Benutzung offenstehende Innen- und Außenbereich. Ein Fall der Unzumutbarkeit kann sich aus einer in § 3 Abs. 1 geregelten Situation ergeben (z. B. Nutzung des ÖPNV, in Arztpraxen, im Warte- und Zugangsbereich von Einkaufszentren oder Ladengeschäften, in Arbeits- und Betriebsstätten). Dort muss dann freilich eine Maske getragen werden. Bestimmte Einrichtungen (insbesondere Schulen) werden ausgenommen, § 2 Abs. 3 i. V. m. mit § 16 Abs. 1. In § 4 finden sich Hygieneanforderungen, die den Mindestinhalt eines Hygienekonzepts festlegen. Dies beinhaltet auch die Abstandsregelung als allgemein anerkannte Hygieneregel.

§ 8 ist schließlich dem Arbeitsschutz gewidmet: Bestimmte erkrankte oder besonders gefährdete Beschäftigte dürfen nicht für Tätigkeiten eingesetzt werden, bei denen der Abstand von 1,5 Metern zu anderen Personen nicht eingehalten werden kann.

Bayern

Rechtsgrundlage ist die Elfte Bayerische Infektionsschutzmaßnahmenverordnung (11. BayIfSMV) vom 15.12.2020.

§ 1 sieht ein allgemeines Abstandsgebot vor. Da in bestimmten Bereichen (z. B. Gastronomie, Dienstleistungsbetriebe für körpernahe Dienstleistungen) Hygienemaßnahmen wie etwa der Mindestabstand nur begrenzt eingehalten werden können und in Innenräumen im Winter eine Infektion auch bei Beachtung der Schutz- und Hygienekonzepte nicht vollständig vermieden werden kann, wurden ab November bestimmte Bereiche (wie die Gastronomie) geschlossen (Begründung der Neunten Bayerischen Infektionsschutzmaßnahmenverordnung vom 30.11.2020).

§ 12 verpflichtet Handels- und Dienstleistungsbetriebe sowie Märkte (jeweils soweit diese geöffnet sind) dazu, für die Einhaltung der Mindestabstände durch die Kunden zu sorgen.

Die §§ 13 und 14 enthalten Regelungen für Gastronomie und Beherbergung.

§ 24 sieht dort, wo Abstände nicht eingehalten werden können (z. B. Fahrstühle, Flure und Kantinen in Betrieben) eine **Maskenpflicht** vor.

Berlin

Nach der Berliner SARS-CoV-2-Infektionsschutzverordnung vom 14.12.2020 gilt grundsätzlich ein Abstandsgebot mit Ausnahmen für Bereiche, wo eine Unterschreitung des Mindestabstands nicht vermieden werden kann (§ 3).

Die Einhaltung des Mindestabstands ist zentraler Bestandteil von Schutz- und Hygienekonzepten (§ 6).

Insbesondere dort, wo die Abstände nicht eingehalten werden können, muss eine **Maske** getragen werden (§ 4).

2

Brandenburg

In Brandenburg sieht die 5. SARS-CoV-Eindämmungsverordnung vom 22.01.2020 in § 1 ein allgemeines Abstandsgebot mit entsprechenden Ausnahmetatbeständen (z. B. für körpernahe Dienstleistungen) vor.

Spezielle Vorgaben finden sich für Verkaufsstellen des Einzel- und Großhandels in § 8 (u. a. Abstandsregelungen innerhalb und außerhalb der Verkaufsstelle).

§ 9 sieht vor, welche geeigneten organisatorische Maßnahmen im Hinblick auf Abstands- und Hygieneregeln für körpernahe Dienstleistungen erbracht werden müssen.

§ 10 enthält Abstandsgebote für nicht geschlossene Gaststätten. Wer sein Übernachtungsangebot zu geschäftlichen oder dienstlichen Zwecken (alles andere ist momentan untersagt) zur Verfügung stellt, muss gleichfalls das Abstandsgebot einhalten, § 11.

§ 20 befasst sich mit **Arbeits- und Betriebsstätten** sowie Büro- und Verwaltungsgebäuden und regelt u. a., dass in Aufzügen eine Maske getragen werden muss, weil dort die Abstände nicht eingehalten werden können.

Bremen

Nach § 1 der 23. Coronaverordnung vom 15.12.2020 gilt ein allgemeines Abstandsgebot mit den üblichen Ausnahmen.

§ 5 präzisiert die Abstandsvorgaben für Kunden in Geschäften des Groß- und Einzelhandels. Dienst- und Handwerksleistungen können nach § 6 auch mit einem geringeren Abstand erbracht werden, wenn die Sicherheit durch andere adäquate Hygienemaßnahmen gewährleistet werden kann. Auch hier sind Abstandsregeln ein integraler Bestandteil von Schutz- und Hygienekonzepten (§ 7).

Hamburg

Rechtsgrundlage ist die Verordnung zur Eindämmung der Ausbreitung des Coronavirus SARS-CoV-2 in der Freien und Hansestadt Hamburg in der Fassung vom 14. Dezember 2020. Das allgemeine Abstandsgebot folgt aus § 3.

Nach § 5 ist das Abstandsgebot eine zentrale Vorgabe beim Betrieb von

- Gewerbebetrieben,
- Geschäftsräumen,
- Gaststätten etc.

Es muss insbesondere beim Zugang für Personen beachtet werden. Im Hinblick auf die Bildung von **Warteschlangen** sind geeignete technische oder organisatorische Vorkehrungen notwendig.

Nach § 10a darf die Mund-Nasen-Bedeckung am Arbeitsplatz abgenommen werden, wenn der Mindestabstand eingehalten werden kann.

Offene Verkaufsstände sind unzulässig, wenn der verbleibende Verkehrsraum durch sie eingeengt wird und das Abstandsgebot nicht eingehalten werden kann, § 13 Abs. 2.

Das Abstandsgebot gilt freilich auch in Gaststätten, ggf. können hier **Trennwände** zum Einsatz kommen, § 15.

Hessen

§ 1 der Corona-Kontakt- und Betriebsbeschränkungsverordnung vom 26.11.2020 sieht einen Mindestabstand vor.

In Verkaufsstätten und ähnlichen Einrichtungen muss ggf. durch eine Steuerung der Kunden oder geeignete Trennvorrichtungen erreicht werden, dass der Mindestabstand eingehalten werden kann. Ferner sind entsprechende **Aushänge** gut sichtbar anzubringen, § 3.

Nach § 4 müssen Gaststätten dafür sorgen, dass bei der Abholung von Speisen und Getränken der Abstand eingehalten werden kann.

Der Mindestabstand gilt auch für die Erbringung von Dienst-, Beratungs- und Handwerksleistungen, § 6.

Mecklenburg-Vorpommern

Der Mindestabstand ist Gegenstand von § 1 der Corona-Landes-verordnung Mecklenburg-Vorpommern vom 28.11.2020. Für den Einzel- und Großhandel sowie für Wochenmärkte sind zusätzlich die Vorgaben in **Anlage 1 zu § 2 Abs. 1** zu beachten.

Werden etwa im öffentlichen Bereich Speisen und Getränke ver-zehrt, soll der Mindestabstand eingehalten werden.

In Räumen müssen ggf. die **Besucherströme** entsprechend gesteuert werden. Paralleles gilt für Dienstleistungs- und Handwerksbetriebe (Anlage 2).

Die Kunden sind über deutlich sichtbare Aushänge und ggf. über Durchsagen über die Vorgaben zu informieren.

Der Mindestabstand muss gleichfalls beim gastronomischen Außer-hausverkauf gewahrt werden, Anlage 31 zu § 3 Abs. 2.

In Beherbergungsstätten ist der Abstand ggf. durch **Zugangsbe-schränkungen** und eine entsprechende Check-In-Steuerung ein-zuhalten (Anlage 34 zu § 4).

Werden Gäste am Buffet bewirtet, sind entsprechende Bodenmar-kierungen notwendig.

Niedersachsen

In Niedersachsen findet sich das Abstandsgebot in § 2 der Nieder-sächsischen Corona-Verordnung in der Fassung vom 15.12.2020. Dieses ist auch ein Kernelement entsprechender Hygienekonzepte (§ 4).

Nordrhein-Westfalen

Vorgaben und Ausnahmen stellt zunächst § 2 der Coronaschutzver-ordnung vom 07.01.2021 auf. Soweit dies zur bestimmungsgemäßen Nutzung von nach dieser Verordnung zugelassenen Einrichtungen und Angeboten erforderlich ist, kann auf die Einhaltung des Min-destabstands verzichtet werden,

- wenn zur vollständigen Verhinderung von Tröpfcheninfektionen geeignete Schutzmaßnahmen (bauliche Abtrennung, Abtren-nung durch Glas, Plexiglas oder Ähnliches) vorhanden sind oder

- die Pflicht zum Tragen einer Maske nach § 3 besteht.

Kann bei ausnahmsweise zulässigen Dienstleistungen (z. B. Friseure) der Mindestabstand nicht eingehalten werden, müssen Beschäftigte mindestens eine FFP2-, KN95- oder N95-Maske tragen (§ 12).

Bei **To-Go-Dienstleistungen** in der Gastronomie ist der Mindestabstand auch zu wahren (§ 14).

Rheinland-Pfalz

2 Dem allgemeinen Abstandsgebot ist § 1 der 14. Corona-Bekämpfungsverordnung Rheinland-Pfalz vom 14.12.2020 gewidmet. Es müssen Maßnahmen zur Einhaltung des Abstandsgebots, insbesondere zur Steuerung des Zutritts, ergriffen werden, wie beispielsweise durch Anbringen von gut sichtbaren Abstandsmarkierungen im Abstand von mindestens 1,5 Metern.

In Wartesituationen gilt die Maskenpflicht nach § 1 Abs. 3 Satz 4.

Abstandsgebote für Dienstleistungs- und Handwerksbetriebe sind Gegenstand des § 6.

Bei zulässigen Dienstleistungen im Rahmen der Gastronomie (z. B. **Abholservice**) müssen die Abstandsgebote beachtet werden, § 7. Dies gilt auch für den nicht-touristischen Reiseverkehr in Hotels (§ 8).

Saarland

Rechtsgrundlage ist die Verordnung zur Änderung infektionsrechtlicher Verordnungen zur Bekämpfung der Corona-Pandemie vom 04.02.2021. § 1 regelt den Grundsatz der Abstandswahrung. Auch hier gibt es Ausnahmen, z. B. für **körpernahe Dienstleistungen**. Bei der Steuerung von Besucher- und Kundenströmen muss der Abstand gewahrt werden, § 4.

Sachsen

Die Abstandsregelung findet sich in § 2 der Sächsischen Corona-Schutz-Verordnung vom 11.12.2020. Hygienekonzepte von Einrichtungen und Betrieben müssen Abstandsregelungen beinhalten (§ 5).

Sachsen-Anhalt

In § 1 der 9. SARS-CoV-2-Eindämmungsverordnung vom 15.12.2020 findet sich die Grundregel des Mindestabstands von 1,5 Metern:

Betreiber müssen durch Aushänge oder Durchsagen auf die Abstände hinweisen. **Zugangs- und Einlasskontrollen** sind notwendig, Ausnahmen sind möglich, wenn geeignete physische Abtrennvorrichtungen verwendet werden.

Freilich müssen die Abstände insbesondere im Beherbergungsgewerbe (§ 5) und in der Gastronomie (§ 6) gewahrt werden, d. h., Tische sind entsprechend zu positionieren und die Gäste heißt es angemessen zu informieren. Während einer Betriebsschließung muss der Abstand bei Belieferung bzw. Abholung gewahrt werden.

2

Schleswig-Holstein

§ 2 der Landesverordnung zur Bekämpfung des Coronavirus SARS-CoV-2 in der Fassung vom 14.12.2020 regelt das Abstandsgebot. Dieses ist auch ein wichtiger Aspekt im Rahmen von Hygienekonzepten (§ 4).

Wer eine Gaststätte als Abholender betritt, muss das Abstandsgebot beachten.

Bei körpernahen Dienstleistungen bedarf es weiterer Schutzmaßnahmen, insbesondere muss eine Maske getragen werden.

Thüringen

Rechtsgrundlage ist die 2. Thüringer Verordnung über grundlegende Infektionsschutzregeln zur Eindämmung der Ausbreitung des Coronavirus vom 31.10.2020.

§ 1 regelt den Mindestabstand. Infektionsschutzkonzepte müssen weitergehende Gewährleistungen enthalten (§ 5).

3. Verpflichtung zum Tragen einer Mund-Nasen-Bedeckung (MNB)

Die bundesrechtliche Vorgabe in § 28a Abs. 1 Nr. 2 IfSG

Die Verpflichtung zum Tragen einer Maske ist vergleichsweise milde und führt in vielen Fällen nicht zu einer unverhältnismäßigen Grundrechtsbeeinträchtigung (so z. B. für den ÖPNV und das Einkaufen in Ladengeschäften, vgl. OVG Sachsen-Anhalt, Beschl. v. 11.06.2020 – Az. 3 R 102/20; siehe auch *Lutz*, § 32 IfSG, Rn. 10).

Die Verpflichtung zum Tragen einer Mund-Nasen-Bedeckung (Maskenpflicht) ist ein zentraler Baustein zur Eindämmung der Verbreitung des Coronavirus SARS-CoV-2. Sie stellt eine notwendige und einfache Schutzmaßnahme dar; der mit der Maskenpflicht verbundene grundsätzlich sehr geringe Eingriff in die Handlungsfreiheit der Betroffenen ist angesichts des **überragend wichtigen Ziels des Infektionsschutzes** bei steigenden Infektionszahlen hinzunehmen (BT-Drs. 19/23944 vom 03.11.2020, S. 32).

Der Bund-Länder-Beschluss vom 19.01.2021 sieht in Bus und Bahn sowie in Geschäften eine Pflicht zum Tragen einer medizinischen Maske vor.

Die Regelungen der Bundesländer

Baden-Württemberg

Ausgangspunkt ist § 3 der CoronaVO Baden-Württemberg. Die Vorschrift legt in Absatz 1 fest, wo eine MNB getragen werden muss, und zwar insbesondere

- in geschlossenen Räumen (vor allem bei körpernahen Dienstleistungen),
- aber z. T. auch im Freien (z. B. innerhalb von Fußgängerbereichen).

Die Vorgabe gilt gleichfalls für **Parkflächen/Parkhäuser** im Umfeld von Einkaufsmöglichkeiten. Nicht erfasst werden einzelne Parkplätze am Straßenrand oder private Parkplätze (Begründung zur Corona-Verordnung vom 30.11.2020, S. 13). Zum Schutz vor Ansteckung in **Arbeits- und Betriebsstätten** ist nach Nummer 8 eine MNB zu tragen. Diese Pflicht betrifft neben geschlossenen Räumen insbesondere

- Flure,
- Treppenhäuser,
- Teeküchen,
- Pausenräume,
- sanitäre Einrichtungen und
- sonstige Begegnungsflächen,
- auch Arbeitsstätten unter freiem Himmel auf dem Gelände eines Betriebes.

Von dieser Pflicht kann abgewichen werden, sofern am Arbeitsplatz selbst ein Abstand von 1,5 Metern zu weiteren Personen dauerhaft sicher eingehalten werden kann (Begründung zur Corona-Verordnung vom 30.11.2020, S. 12f.). In weiteren Bereichen kann eine MNB-Pflicht durch **Allgemeinverfügung** angeordnet werden. In der Praxis kann mitunter beobachtet werden, dass Kunden (und auch Personal) **Visiere** und Face-Shields tragen: Dies ist kein adäquater Schutz, da Luft an den Seiten ausdringen kann.

2

Es versteht sich im Übrigen von selbst, dass eine MNB auch Mund und Nase ausreichend bedeckt und nicht weitmaschig oder löchrig ist (Begründung zur Corona-Verordnung vom 30.11.2020, S. 12 f.).

Bestimmte Personen (Kinder, Menschen mit Attesten) und Tätigkeiten (z. B. Behandlungen/Therapien in Praxen) werden nach Absatz 2 von der Verpflichtung entbunden. Nach Nummer 6 entfällt die Verpflichtung, wenn ein anderweitiger mindestens gleichwertiger Schutz für andere Personen gegeben ist, d. h. wenn geeignete physische Barrieren vorhanden sind, z. B. Plexiglasscheiben, die in Länge, Breite und Höhe derart dimensioniert sind, dass eine Tröpfchenübertragung zwischen Personen weitestgehend vermieden wird. Dies gilt erst recht, wenn sich etwa ein Triebfahrzeugführer in einer abgetrennten Fahrerkabine befindet (Begründung zur Corona-Verordnung vom 30.11.2020, S. 15). Die MNB ist ferner eine zentrale Hygieneanforderung (§ 4), die in Hygienekonzepten umzusetzen ist (§ 5). In arbeitsschutzrechtlicher Hinsicht muss den Beschäftigten bei Bedarf eine ausreichende Anzahl an MNB vom Arbeitgeber bereitgestellt werden.

Bayern

Die Maskenpflicht nebst Ausnahmen findet sich in § 1 BayIfSMV. Darüber hinaus präzisiert die Verordnung die Pflicht für bestimmte Bereiche, u. a.:

- ÖPNV (§ 8),
- Handels- und Dienstleistungsbetriebe,
- Märkte.

Nach § 12 kann die Pflicht ggf. entfallen, wenn geeignete Schutzwände vorhanden sind. Im Fall der Beherbergungsbetriebe gilt § 14.

Nach § 24 gilt z. T. eine weitergehende Maskenpflicht, z. B. am Arbeitsplatz, in Fahrstühlen, Fluren. Entscheidend ist stets, ob der Mindestabstand von 1,5 Metern eingehalten werden kann.

Berlin

In § 1 Abs. 5 der Berliner SARS-CoV-2-Infektionsschutzverordnung wird die MNB definiert und eine Anweisung gegeben, wie die Maske korrekt zu tragen ist. In den Absätzen 1 und 2 des § 4 werden die Orte benannt, an welchen die MNB verwendet werden muss, und Abs. 3 sieht Ausnahmen vor.

In der Anlage zu § 4 werden die Bereiche Berlins aufgelistet, in denen die MNB zu tragen ist. Denn dort besteht die erhöhte Wahrscheinlichkeit, dass Menschen aufeinandertreffen.

Brandenburg

Der MNB widmet sich § 2 der SARS-CoV-Eindämmungsverordnung mit Regeln und Ausnahmen. Sodann wird die Vorgabe für bestimmte Bereiche bekräftigt, u. a.:

- Verkaufsstellen des Einzel- und Großhandels inklusive der Parkplätze (nach § 8 ist Personal ohne Kundenkontakt befreit, oder wenn technische Vorrichtungen das Risiko verringern),
- körpernahe Dienstleistungen (§ 9),
- Gaststätten (§ 10),
- am Arbeitsplatz (§ 20),
- in sonstigen Gewerbebetrieben und Einrichtungen mit Publikumsverkehr (§ 23).

Bremen

§ 3 der Coronaverordnung begründet eine Pflicht zur MNB (Absatz 1), definiert die MNB (Absatz 2) und legt Ausnahmen fest (Absatz 3).

Hamburg

Mit der Maskenpflicht befasst sich § 8 der Verordnung: Wo gilt die Pflicht und wer muss keine Maske tragen? Es wird auch klargestellt, dass **Gesichtsvisiere** keine MNB sind. Speziell betont wird die Pflicht auch für:

- Arbeits- und Betriebsstätten: Nach § 10a ist das Tragen einer MNB abhängig von der Einhaltung des Mindestabstands.

- Bei Gesundheitsbehandlungen nach § 10c kann die Maske vorübergehend abgelegt werden, wenn es die Behandlung erfordert.

- Verkaufsstellen, Ladenlokale und Märkte (nach § 13 insbesondere auch in Warteschlangen, Menschenansammlungen, vor den Eingängen und auf Parkflächen)

- Dienstleistungen mit Körperkontakt (es sei denn, das Ablegen ist notwendig, § 14).

- Gaststätten (außer am dauerhaft eingenommenen Platz, § 15).

- Beherbergung (§ 16)

- Fahrschulen (§ 19)

Hessen

§ 1a Abs. 1 der Verordnung benennt die maskenpflichtigen Aufenthaltsorte, in Absatz 2 findet sich eine Definition der Maske und Absatz 3 regelt Ausnahmen. Die aktuellen Regelungen zur Mund-Nasen-Bedeckung finden sich unter https://www.hessen.de/fuer-buerger/corona-hessen/mund-nasen-bedeckung.

Mecklenburg-Vorpommern

Aus § 1 Abs. 2 der Verordnung ergibt sich die Regel mit den Ausnahmen (z. B. wenn der Mindestabstand gewahrt werden kann). Es wird dringend empfohlen, in der Öffentlichkeit eine MNB zu tragen. Die Verordnung enthält ein umfangreiches Anlagenverzeichnis, das die MNB-Vorgabe für diverse Bereiche präzisiert (Einkaufscenter etc.).

Niedersachsen

§ 3 der Coronaverordnung befasst sich mit der MNB:

- Die „Adressaten" der Pflicht werden benannt,

- Ausnahmen formuliert und

- definiert, welche Vorgaben eine MNB erfüllen muss.

Wer eine öffentlich zugängliche Einrichtung mit **Kunden- oder Besuchsverkehr** betreibt, muss ein Hygienekonzept verwenden; dieses kann den Verzicht auf die MNB ermöglichen, sofern geeignete physische Barrieren aus Glas oder Plexiglas verwendet werden (§ 4).

Nordrhein-Westfalen

Die Coronaschutzverordnung definiert die **Alltagsmaske** in § 3 Abs. 1 und formuliert die Verpflichtung in den Absätzen 2 und 3, ehe es in Absatz 4 und 6 um Ausnahmen geht.

Die Verpflichtung kann durch wirksame Schutzmaßnahmen (z. B. Abtrennungen aus Glas) ersetzt werden, so die Regelung in Absatz 5.

Rheinland-Pfalz

§ 1 Abs. 3 der Verordnung regelt die Maskenpflicht; in Absatz 4 finden sich Ausnahmen. Speziell erwähnt wird die Vorgabe für:

- gewerbliche Einrichtungen inklusive der Parkplätze (§ 5),
- Betriebe (§ 6),
- Gastronomie (§ 7),
- Hotellerie,
- Beherbergung (§ 8).

Saarland

§ 2 Abs. 2 der Rechtsverordnung benennt sehr ausführlich, welche Personengruppen eine MNB tragen müssen, und formuliert Ausnahmen (andere gleichwertige Infektionsschutzmaßnahmen wie z. B. Trennwände). Die Betreiber müssen für die Einhaltung der Vorgabe sorgen (Absatz 3).

Sachsen

Die MNB wird in § 3 der Corona-Schutz-Verordnung geregelt:

- Wo muss die Maske getragen werden (Absatz 1)?
- Welche Ausnahmen gibt es (z. B. andere Schutzmaßnahmen, Absatz 2)?

Die MNB ist Bestandteil von Hygienekonzepten (§ 5).

Sachsen-Anhalt

Die Verordnung definiert in § 1 Abs. 2 die MNB und benennt Ausnahmen. Die Vorgabe gilt für:

- Bildungs-, Kultur-, Freizeit-, Spiel-, Vergnügungs- und Prostitutionseinrichtungen (§ 4),
- Beherbergungsbetriebe (§ 5),
- Gaststätten (§ 6),
- Ladengeschäfte,
- Messen,
- Ausstellungen,
- Märkte,
- Dienstleistungen der Körperpflege (§ 7).

Schleswig-Holstein

Hier definiert § 2a Abs. 1 der Verordnung die Vorgaben an eine MNB (keine Maske mit Ausatemventil, grundsätzlich kein Visier). Absatz 2 benennt Bereiche, in denen die Pflicht gilt. Absatz 3 formuliert das Gebot für geschlossene Räume nebst Ausnahmen (z. B. physische Barrieren als Ersatz).

Thüringen

§ 6 der Thüringer Verordnung über grundlegende Infektionsschutzregeln zur Eindämmung der Ausbreitung des Coronavirus SARS-CoV-2 regelt Folgendes:

- Wo muss die MNB getragen werden (Absätze 1 und 2)?
- Welche Ausnahmen gibt es (Absatz 3)?
- Welche Anforderungen muss eine korrekte MNB erfüllen (Absatz 4)?

4. Hygienekonzepte

Die bundesrechtliche Vorgabe in § 28a Abs. 1 Nr. 4 IfSG

Eine weitere Schutzmaßnahme ist die Verpflichtung zur Erstellung und Anwendung von Hygienekonzepten für Betriebe, Einrichtungen oder Angebote mit **Publikumsverkehr**. Der Begriff des Hygienekonzepts selbst wird im IfSG nicht näher definiert. Im Hinblick auf die Verhältnismäßigkeit können adäquate Schutz- und Hygienekonzepte ein milderes Mittel zur Schließung der Einrichtung sein. Vor diesem Hintergrund wurde am „Teil-Lockdown" des Spätjahres immer wieder beanstandet, dass beispielsweise Gaststätten geschlossen wurden, obwohl diese viel Zeit und Geld in ausgeklügelte Konzepte investiert hatten. Ungeachtet dessen sind solche Konzepte freilich nicht nutzlos und können, in Phasen der Lockerung, wieder aus der Schublade geholt werden. Ein wichtiger Aspekt im Rahmen von Hygieneanforderungen und Hygienekonzepten ist die **Regulierung der Personenströme**, denn bei zu vielen Menschen in einem Geschäft kann der Mindestabstand nicht mehr gewahrt werden. Gerade die Teil-Öffnung von Geschäften bis 800 Quadratmeter hat für Unmut gesorgt und die Regelung wurde mitunter von Gerichten beanstandet; hält man sich vor Augen, dass der Abstand bei größeren Geschäften viel besser eingehalten werden kann, sollte statt einer starren Grenze die Anzahl der Personen in einem Raum entscheidend sein (*Lutz*, § 32 IfSG, Rn. 13). Im Hinblick auf Zugangsbeschränkungen (Beschränkung der Zahl von Personen, die z. B. gleichzeitig in einem Ladengeschäft anwesend sein dürfen), kommt als Grundlage § 28a Abs. 1 Nr. 14 IfSG in Betracht, der neben der Schließung auch die Beschränkung von Betrieben, Gewerben sowie dem Einzel- und Großhandel vorsieht.

Die Regelungen der Bundesländer

Baden-Württemberg

In der Coronaverordnung tauchen zwei Begriffe auf:

- Hygieneanforderungen (§ 4) und
- Hygienekonzepte (§ 5).

Was ist der Unterschied?

Hygieneanforderungen legen den Mindestinhalt eines Hygienekonzepts fest; in den Fällen, in denen die Verpflichtung besteht, ein Hygienekonzept zu erstellen, gilt es, die Hygieneanforderungen zu konkretisieren (Begründung zur CoronaVO, S. 17).

Bei den Hygieneanforderungen des § 4 geht es grundsätzlich darum, die hinlänglich bekannte **AHA+L-Regel** des RKI (Abstand halten

– Hygieneregeln beachten – Alltagsmaske + Lüften, Robert Koch-Institut, www.rki.de) zu betonen. So gilt es etwa,

- Gegenstände zu reinigen und zu desinfizieren, aber auch

- die Begrenzung der Personenzahl auf Grundlage der räumlichen Kapazitäten und

- die Regulierung von Personenströmen und Warteschlangen zu regeln.

Dies alles ist erforderlich, um zu ermöglichen, dass die Abstandsregelung gewahrt werden kann (entscheidend sind hier die konkreten Umstände des Einzelfalls, wie der Art des Angebots und der Zusammensetzung des Personenkreises). Die Kunden müssen angemessen über die jeweiligen Vorgaben informiert werden. Der Verordnungsgeber betont Folgendes:

„Aus Gründen der Verhältnismäßigkeit sind Ausnahmen von der Verpflichtung der Hygieneanforderungen möglich, wenn diese nach den konkreten Umständen des Einzelfalles, insbesondere den örtlichen Gegebenheiten oder der Art des Angebots, deren Einhaltung nicht erforderlich oder unzumutbar machen. Die Hygieneanforderungen sind stets situationsadäquat zu verstehen und ermöglichen etwa außerhalb des geschäftlichen Verkehrs bei der Hinweispflicht nach Nummer 8 eine weniger strenge Handhabe" (Begründung zur CoronaVO, S. 17).

Bestimmte Einrichtungen und Betriebe (siehe etwa die Auflistung in § 14, z. B. Einzelhandel, Gastgewerbe) müssen in einem **Hygienekonzept** (§ 5) darlegen, wie die Vorgaben nach § 4 umgesetzt werden. Die zuständige Behörde kann verlangen, dass das Konzept vorgelegt und erörtert wird. Falls erforderlich, müssen zudem arbeitsschutzrechtliche Infektionsschutzmaßnahmen gleichfalls vorgestellt werden. Das Hygienekonzept muss von den Hygieneplänen im Sinne des Infektionsschutzgesetzes unterschieden werden; die Anforderungen an das Hygienekonzept sind weniger streng (Begründung zur CoronaVO, S. 18).

In § 16 findet sich eine Verordnungsermächtigung gemäß § 32 Satz 2 IfSG an die verschiedenen Ministerien im Hinblick auf weitere Hygienevorgaben, z. B. für den Einzelhandel und das Gastgewerbe.

Bayern

In Bayern sieht die Verordnung Schutz- und Hygienekonzepte für bestimmte Bereiche vor, z. B.

- Handels- und Dienstleistungsbetriebe,

- Märkte (§ 12),

- Gastronomie (§ 13) oder

- Beherbergung (§ 14).

Vorgaben für entsprechende Konzepte werden auf folgender Seite bekanntgemacht: https://www.stmgp.bayern.de/coronavirus/rechts-grundlagen/.

Beispiel

Das Hygienekonzept Gastronomie (in der Fassung vom 20.10.2020) versteht sich als Rahmenkonzept für betriebliche Schutz- und Hygienekonzepte von Gastronomiebetrieben und deckt folgende Bereiche ab:

- Organisatorisches (z. B. Schulung der Mitarbeiter),

- generelle Sicherheits- und Hygieneregeln (z. B. Abstand, Desinfektion) und

- Umsetzung der Schutzmaßnahmen für Mitarbeiter und Gäste im betrieblichen Ablauf (z. B. entsprechende Hinweise beim Einlass, optimierte Bewirtung am Tisch).

Im Hinblick auf Personenströme ist für **Einkaufszentren** bei der Berechnung der zulässigen Höchstzahl an Kunden die jeweilige Gesamtfläche anzusetzen. Das Schutz- und Hygienekonzept muss die gesamten Kundenströme des Einkaufszentrums berücksichtigen. Durch ein abgestimmtes Einlassmanagement müssen Einkaufszentren und Geschäfte verhindern, dass es im Innenbereich von Einkaufspassagen oder Einkaufszentren zu unnötigen Schlangenbildungen kommt (Bayerisches Staatsministerium für Gesundheit und Pflege, Coronavirus/Häufig gestellte Fragen).

Berlin

§ 6 der Verordnung befasst sich mit Schutz- und Hygienekonzepten, die von den Verantwortlichen erstellt und der zuständigen Behörde **vorgelegt** werden müssen, dies gilt z. B. für:

- Unternehmen,

- Gaststätten oder

- Hotels.

Orientierungspunkt bei der Erstellung sind die einschlägigen Empfehlungen des RKI (§ 6 Abs. 2). Konkrete Maßnahmen sind:

- Reduzierung von Kontakten,

- die Einhaltung des Mindestabstands von 1,5 Metern und der maximal für die jeweilige Fläche zugelassenen Personenzahl,

- die Steuerung des Zutritts,

- die Vermeidung von Warteschlangen und

- die ausreichende Belüftung im geschlossenen Raum.

Ein weiteres wesentliches Ziel der zu veranlassenden Schutzmaßnahmen ist die Sicherstellung der Kontaktnachverfolgung durch geeignete Maßnahmen. Aushänge zu den Abstands- und Hygieneregeln sind gut sichtbar anzubringen. Nähere Vorgaben erfolgen in bereichsspezifischen Hygienerahmenkonzepten. Diese sind auf der folgenden Internetseite abrufbar: https://www.berlin.de/corona/media/downloads/.

§ 14 enthält weitere Hygiene- und Schutzregeln für besondere Bereiche, so heißt es z. B. in § 14 Abs. 5:

„Bei der Öffnung von Verkaufsstellen, Kaufhäusern und Einkaufszentren (Malls) gilt für die Steuerung des Zutritts und zur Sicherung des Mindestabstandes ein Richtwert für die maximal zulässige Anzahl von Kundinnen und Kunden je Verkaufsfläche oder Geschäftsraum. Bei Geschäften mit einer Verkaufsfläche von bis zu 800 Quadratmetern gilt ein Richtwert von insgesamt höchstens einer Kundin oder einem Kunden pro 10 Quadratmetern Verkaufsfläche. Bei Geschäften mit einer Verkaufsfläche ab 801 Quadratmetern insgesamt gilt auf einer Fläche von 800 Quadratmetern ein Richtwert von höchstens einer Kundin oder einem Kunden pro 10 Quadratmetern Verkaufsfläche und auf der 800 Quadratmeter übersteigenden Fläche von höchstens einer Kundin oder einem Kunden pro 20 Quadratmeter Verkaufsfläche."

Für Einkaufszentren ist die jeweilige Gesamtverkaufsfläche maßgeblich. Unterschreitet die Verkaufsfläche oder der Geschäftsraum eine Größe von 20 Quadratmetern, darf jeweils höchstens eine Kundin oder ein Kunde eingelassen werden. Aufenthaltsanreize dürfen nicht geschaffen werden.

Brandenburg

2

In Brandenburg erfolgt die Verpflichtung zu Hygienekonzepten bereichsspezifisch: Z. B. müssen nach § 8 Verkaufsstellen des Einzel- und Großhandels Folgendes sicherstellen:

- Die Einhaltung des Abstandsgebots zwischen allen Personen.

- Die Steuerung und Beschränkung des Zutritts und des Aufenthalts aller Personen.

- In Verkaufsstellen dürfen sich bis zu einer Verkaufsfläche von 800 Quadratmetern nur eine Kundin oder ein Kunde pro 10 Quadratmeter sowie für die darüberhinausgehende Verkaufsfläche eine Kundin oder ein Kunde pro 20 Quadratmeter zeitgleich aufhalten.

- Verpflichtend ist das Tragen einer Mund-Nasen-Bedeckung für alle Personen.

- Die Tragepflicht gilt auch auf den Begegnungs- und Verkehrsflächen vor den Verkaufsstellen einschließlich der direkt dazugehörigen Parkplätze.

- Einen regelmäßigen Austausch der Raumluft durch Frischluft, insbesondere durch Stoßlüftung über Fenster oder durch den Betrieb raumlufttechnischer Anlagen mit hohem „Außenluftanteil".

- Bei einem aus technischen oder technologischen Gründen nicht vermeidbaren Umluftbetrieb raumlufttechnischer Anlagen sollen diese über eine geeignete Filtration zur Abscheidung luftgetragener Viren verfügen.

- Das Personal kann von der Maskenpflicht entbunden werden, wenn ein Schutz durch eine taugliche technische Vorrichtung sichergestellt ist. Für Einkaufszentren und vergleichbare Einrichtungen gelten die Vorgaben auch für Begegnungs-, Verkehrs- und Parkflächen. Für die Steuerung der Personenströme ist die Gesamtverkaufsfläche der Einrichtung maßgeblich.

Ähnliche Hygienekonzepte sind z. B. auch notwendig für: körpernahe Dienstleistungen (§ 9), Beherbergung und Tourismus (§ 11).

Bremen

Die Verordnung in Bremen differenziert zwischen

- Schutz- und Hygienekonzepten nach § 7 Abs. 1 und

- betrieblichen Schutz- und Hygienekonzepten nach § 7 Abs. 2, die zusätzlich Regeln zum Arbeitsschutz enthalten müssen.

2

Ein Schutz- und Hygienekonzept muss z. B. auch Festlegungen zur Zutrittsbeschränkung vorsehen. Das entsprechende Konzept ist auf Verlangen der zuständigen Überwachungsbehörde vorzulegen.

(Betriebliche) Schutz- und Hygienekonzepte finden sich zudem in § 5 „Allgemeine Anforderungen an Einrichtungen". In dieser Norm ist zudem die Regulierung der Personenströme wie folgt geregelt:

„Die Anzahl der Kunden in Geschäften des Groß- und Einzelhandels ist in Abhängigkeit von der Verkaufsfläche so zu begrenzen, dass bei Einrichtungen mit einer Verkaufsfläche

a) von bis zu 800 Quadratmeter je Kunde 10 Quadratmeter Verkaufsfläche zur Verfügung stehen,

b) ab 801 Quadratmeter

    aa) für 800 Quadratmeter je Kunde 10 Quadratmeter Verkaufsfläche zur Verfügung stehen und

    bb) für die übersteigende Fläche je Kunde 20 Quadratmeter zur Verfügung stehen;

bei Einkaufszentren ist die jeweilige Gesamtfläche anzusetzen."

Hamburg

Allgemeine Hygienevorgaben werden in § 5 der Verordnung benannt, und zwar u. a.:

- Regulierung von Personenströmen und Warteschlangen und

- Schutz der Beschäftigten.

Diese Hygienevorgaben können in ein Schutzkonzept (§ 6) münden, sofern die Verordnung ein solches Konzept verlangt. Das Konzept muss in Textform erstellt werden und auf Verlangen der zuständigen Behörde vorgelegt und erörtert werden. Wer muss ein Schutzkonzept erstellen? Hier nennt die Verordnung u. a. Dienstleistungen mit Körperkontakt (§ 14) oder Fahrschulen (§ 19).

Hessen

In der Verordnung tauchen folgende Begriffe auf: umfassende oder geeignete Hygienekonzepte sowie Hygienemaßnahmen (§ 1), z. T. ist auch von Hygieneregeln die Rede (z. B. in § 2). Im Hinblick auf Verkaufsstätten und ähnliche Einrichtungen taucht in § 3 der Begriff „erforderliche Hygienemaßnahmen" auf, z. B.

- Steuerung des Zutritts,

- Vermeidung von Warteschlangen,

- zulässige Personenzahl in Relation zur Verkaufsfläche.

Für **Gaststätten** spricht § 4 von geeigneten und erforderlichen Hygienemaßnahmen. An mehreren Stellen lässt die Verordnung eine Präzisierung vermissen und verweist stattdessen auf die Empfehlungen des RKI. Als Auslegungshilfe können die *„Auslegungshinweise zur Verordnung zur Beschränkung sozialer Kontakte und des Betriebs von Einrichtungen und Angeboten aufgrund der Corona-Pandemie"* herangezogen werden, dort wird u. a. die Quadratmeter-Regel erläutert:

- Auf die ersten 800 Quadratmeter Verkaufsfläche darf höchstens eine Kundin oder ein Kunde je angefangener 10 Quadratmeter eingelassen werden;

- auf die 800 Quadratmeter übersteigende Verkaufsfläche darf höchstens eine Kundin oder ein Kunde je angefangener 20 Quadratmeter eingelassen werden.

Mecklenburg-Vorpommern

In § 2 der Corona-Verordnung werden zahlreiche Einrichtungen benannt. Für jede Einrichtung findet sich im Anhang eine Anlage mit Details zu den Hygiene- und Sicherheitskonzepten. In Anlage 1 zu § 2 Abs. 1 geht es z. B. um Auflagen für

- Einkaufscenter,

- den Einzel- und Großhandel sowie um

- Wochenmärkte.

So gilt es etwa, die Besucherströme zu begrenzen bzw. zu steuern.

Niedersachsen

§ 4 Abs. 1 sieht für den Betrieb öffentlich zugänglicher Einrichtungen mit Kunden- oder Besuchsverkehr jeglicher Art ein Hygienekonzept vor. Welche Vorgaben müssen erfüllt werden? Dies vertieft Absatz 2 und benennt z. B.

- die Steuerung von Personenströmen und

- die Vermeidung von Warteschlangen.

Die allgemeine Vorgabe wird bereichsspezifisch präzisiert; so regelt § 10 Abs. 3 Folgendes:

„In Betrieben des Einzelhandels ist neben der Durchführung von Maßnahmen nach dem nach § 4 erforderlichen Hygienekonzept sicherzustellen, dass sich in einem Betrieb mit einer Verkaufsfläche von nicht mehr als 800 Quadratmetern nur eine Kundin oder ein Kunde je zehn Quadratmeter Verkaufsfläche und in einem Betrieb mit einer Verkaufsfläche von mehr als 800 Quadratmetern

a) in Bezug auf die Verkaufsfläche bis 800 Quadratmeter nur eine Kundin oder ein Kunde je zehn Quadratmeter Verkaufsfläche und

b) in Bezug auf die 800 Quadratmeter übersteigende Verkaufsfläche nur eine Kundin oder ein Kunde je 20 Quadratmeter Verkaufsfläche

aufhält. Für Einkaufszentren ist zur Berechnung der nach Satz 1 maßgeblichen Verkaufsfläche die Summe aller Verkaufsflächen in der Einrichtung zugrunde zu legen. Für Einkaufszentren und die Betriebe des Einzelhandels in diesen Einkaufszentren sind im Rahmen des Hygienekonzepts nach § 4 abgestimmte Maßnahmen zu treffen, die der Vermeidung von Warteschlangen dienen."

Nordrhein-Westfalen

§ 4 der Verordnung benennt allgemeine Hygiene- und Infektionsschutzanforderungen. Diese werden bereichsspezifisch erweitert, z. B. in § 11

- für Handel, Messen und Märkte im Hinblick auf die Anzahl der Kunden pro Quadratmeter.

- Umfangreichere Hygiene- und Infektionsschutzkonzepte sieht die Verordnung z. B. für Veranstaltungen mit mehr als 100 Teilnehmern vor.

Rheinland-Pfalz

Nach § 1 Abs. 6 der Verordnung sind in öffentlichen und gewerblichen Einrichtungen besondere Hygienemaßnahmen vorzusehen, wie z. B.

- die Bereitstellung von Desinfektionsmitteln,

- erhöhte Reinigungsintervalle,

- Trennvorrichtungen oder

- ähnliche Maßnahmen.

§ 1 Abs. 7 definiert den Begriff der **Personenbegrenzung** (Personenanzahl auf Verkaufs- oder Besucherflächen).

Des Weiteren werden für bestimmte Bereiche (z. B. Jugendarbeit, Bildung, Jagd und Musik) auf der Internetseite der Landesregierung (www.corona.rlp.de) Hygienekonzepte veröffentlicht, die zu beachten sind. Sollte für einzelne Einrichtungen oder Maßnahmen kein Konzept veröffentlicht sein, gelten die Hygienekonzepte vergleichbarer Einrichtungen oder Lebenssachverhalte entsprechend (so § 1 Abs. 9).

Saarland

Aussagen zum Hygienekonzept finden sich in § 5 der Verordnung. Die Vorgaben richten sich an die Betreiber nicht untersagter Einrichtungen. Freilich werden in Phasen der Lockerung auch diese wieder erfasst. Allgemeine Vorgaben, die sich an den Empfehlungen des RKI orientieren, werden in Absatz 2 benannt (z. B. Maßnahmen zum Schutz von Kunden).

Wichtig ist insbesondere § 5 Abs. 3: Detaillierte Betreiberpflichten können den Hygienerahmenkonzepten entnommen werden, die auf www.corona.saarland.de veröffentlicht werden. Es finden sich dort u. a. Konzepte für körpernahe Dienstleistungen sowie Gast- und Beherbergungsstätten (es sei denn, diese sind von Schließungen betroffen).

Gastwirte müssen z. B. einen umfangreichen Maßnahmenkatalog beachten wie etwa:

- Zutrittsbeschränkungen,

- Abstandsregeln oder

- Reinigung/Desinfektion von Tischen und Geschirr.

Sachsen

Während des „Teil-Lockdowns" im November 2020 müssen alle nicht verbotenen Einrichtungen, Betriebe und Angebote ein Hygienekonzept erstellen (§ 5 Abs. 1).

In § 5 Abs. 2 findet sich die übliche Quadratmeterregel für Groß- und Einzelhandelsgeschäfte:

- In Groß- und Einzelhandelsgeschäften sowie Läden mit einer Verkaufsfläche von bis zu 800 qm darf sich nicht mehr als ein Kunde pro 10 Quadratmeter Verkaufsfläche aufhalten.

- Bei Groß- und Einzelhandelsgeschäften sowie Läden mit einer Verkaufsfläche von mehr als 800 qm darf sich insgesamt auf einer Fläche von 800 qm höchstens ein Kunde pro 10 qm Verkaufsfläche und

- auf der 800 qm übersteigenden Fläche höchstens ein Kunde pro 20 qm Verkaufsfläche aufhalten.

Für Einkaufszentren ist für die Berechnung nach den Sätzen 1 und 2 die jeweilige Gesamtverkaufsfläche anzusetzen. Durch ein abgestimmtes Einlassmanagement müssen Einkaufszentren und Geschäfte verhindern, dass es im Innenbereich von Einkaufspassagen oder Einkaufszentren zu unnötigen Schlangenbildungen kommt. Der Verordnungsgeber begründet diese Vorgabe wie folgt (siehe die Begründung vom 28.11.2020): *„Die Stufung, mit der eine linear wachsende zulässige Kundenzahl bei wachsender Verkaufsfläche ausgeschlossen wird, berücksichtigt, dass mit steigender Kundenzahl die Gefahr ungewollter Kundenstaus beispielsweise an besonders beliebten Produktregalen und im Eingangs- und Kassenbereich unabhängig von der Größe der Verkaufsfläche wächst. Die Abstufung der zulässigen Kundenzahl pro Quadratmeter trägt dazu bei, den Infektionsschutz zu gewährleisten und zugleich größeren Geschäften eine unter dem Gesichtspunkt des Infektionsschutzes vertretbare Nutzung ihrer Verkaufsräume zu ermöglichen. Aufgrund des Umstands, dass eine höhere Kundenanzahl die Gefahr von Kontakten erhöht, ist für Einkaufszentren, deren Anziehungskraft gerade auf der planmäßigen Verbindung einzelner Verkaufsflächen beruht, nicht die Größe einzelner Geschäfte, sondern die Gesamtverkaufsfläche maßgeblich."*

Das Hygienekonzept muss schriftlich erstellt werden und einen Ansprechpartner benennen (§ 5 Abs. 4).

Sachsen-Anhalt

§ 1 der Verordnung benennt allgemeine Hygieneregeln (z. B. Zugangsbeschränkungen und Einlasskontrollen). Deren Einhaltung wird bestimmten Einrichtungen (sofern diese nicht geschlossen sind) abverlangt: u. a. Freizeit-, Spiel-, Vergnügungs- und Prostitutionseinrichtungen (§ 4), Beherbergungsbetriebe und Tourismus (§ 5), Gastronomie (z. B. Anzahl der Personen/Hausstände pro Tisch, § 6), Ladengeschäfte und körpernahe Dienstleistungen (§ 7).

2

Schleswig-Holstein

In § 4 Abs. 1 finden sich allgemeine Vorgaben für Hygienekonzepte, z. B.

- Begrenzung der Besucherzahl auf Grundlage der räumlichen Kapazitäten oder

- Regelung der Besucherströme.

Die Verpflichteten werden gesondert in der Verordnung benannt, diese müssen das Konzept der zuständigen Behörde auf Verlangen vorlegen und Auskunft über die Umsetzung erteilen. Verpflichtet werden u. a.

- Gaststätten (§ 7),

- Einzelhandel (§ 8),

- körpernahe Dienstleistungen (§ 9) oder

- Beherbergungsbetriebe (§ 17).

Thüringen

In Thüringen gibt es für bestimmte Branchen konkretisierende Regelungen zu den anzuwendenden Hygiene- und Arbeitsschutzmaßnahmen, z. B.

- Einzelhandel,

- Friseurhandwerk,

- Kosmetikhandwerk,

- Hotels und

- Gastronomie.

Diese stehen auf der folgenden Internetseite zur Verfügung: https://www.tmasgff.de/covid-19/schutzkonzepte.

5. Untersagung oder Beschränkung von Freizeitveranstaltungen

Die bundesrechtlichen Vorgaben in § 28a Abs. 1 Nr. 5 und 6 IfSG

Im „November-Teil-Lockdown" wurde u. a. der Betrieb von Freizeiteinrichtungen untersagt. Wie oben erwähnt, waren die Untersagungen Teil eines Gesamtkonzepts. D. h., wer u. a. den **Schulbetrieb** aufrechterhalten will, muss die Kontakte anderswo reduzieren, wie etwa im Freizeitbereich. Teile der Bevölkerung waren verärgert und es fielen nicht selten Sätze wie: „Arbeiten muss ich gehen, aber auf mein Freizeitvergnügen soll ich verzichten?"

Ist die Freizeit denn am ehesten entbehrlich?

Bevor vorschnell geantwortet wird, sollte man sich vor Augen halten, dass z. B. Freizeitparks oder zoologische Gärten zwar einerseits (auch) dem Vergnügen dienen, andererseits aber Wirtschaftsunternehmen mit vielen Beschäftigten sind. Und weshalb wird hier der Bergtierpark mit großzügigen Außenanlagen geschlossen, während sich viele Menschen noch bis kurz vor Weihnachten in Einkaufszentren tummeln durften?

Zwar kann hier wieder argumentiert werden, das Einkaufen diene der Grundversorgung, was für den Tierparkbetreiber aber ein schwacher Trost sein dürfte.

Festzuhalten ist indes, dass die Ursachen für den dramatischen Anstieg der Infektionen zwar diffus sind, aber Häufungen im Zusammenhang mit dem Freizeitverhalten der Menschen zu beobachten waren (BVerfG, 11.11.2020 – Az. 1 BvR 2530/20).

Im Gesetzentwurf lautet die Begründung wie folgt (BT-Drs. 19/23944 vom 03.11.2020, S. 32):

 „Die Untersagung und Beschränkung des Betriebs von Einrichtungen, die der Freizeitgestaltung dienen (…) tragen ebenfalls zu einer Bekämpfung des Coronavirus SARS-CoV-2 und der derzeit notwendigen Kontaktreduzierung bei. Andernfalls kann das Infektionsgeschehen drohen, außer Kontrolle zu geraten. Auch hier kommt es zu Situationen, in denen Menschen aufeinandertreffen, in Kontakt treten und sich austauschen, so dass das

Risiko einer Ansteckung besonders groß sein kann. Alternativ kann auch ein Weiterbetrieb mit geeigneten Auflagen in Betracht kommen."

Der Gesetzgeber definiert insofern neben der Untersagung auch das mildere Mittel der Beschränkung in Gestalt geeigneter Auflagen.

2

Das Verhältnismäßigkeitsprinzip gebietet es insofern, stets vor dem gravierendsten Eingriff der Untersagung zu prüfen, ob eine Beschränkung unter Auflagen in Betracht kommt. Zu denken wäre hier z. B. an Hygienekonzepte.

Werden insgesamt die Regelbeispiele des § 28a Abs. 1 Nr. 5 bis 7 IfSG in den Blick genommen, stellt sich vor dem Hintergrund, dass alle denselben Lebensbereich betreffen, die Frage, worin die grundlegenden Unterschiede zwischen diesen Regelbeispielen bestehen sollen (*Eibenstein*, 2020a, S. 859).

Die Regelungen der Bundesländer

Baden-Württemberg

§ 13 Nr. 5 der Verordnung untersagt den

- Betrieb von Freizeitparks,

- zoologischen und botanischen Gärten sowie

- sonstigen Freizeiteinrichtungen.

In Nummer 1 werden Vergnügungsstätten untersagt, wobei sich vor dem Hintergrund, dass **Vergnügungsstätten** ein kommerzielles Freizeitangebot enthalten, die Frage stellt, inwiefern diese als Einrichtungen, die der Freizeitgestaltung zuzurechnen sind, eingestuft werden sollten. In anderen Bundesländern wird die Vergnügungsstätte jedenfalls unter den Begriff der Freizeiteinrichtung subsumiert.

Bayern

Nach § 11 wird der Betrieb von Freizeiteinrichtungen und Vergnügungsstätten untersagt.

Berlin

In Berlin finden sich Verbote in § 20: Vergnügungsstätten, Freizeitparks, ähnliche Einrichtungen und Zoos.

Brandenburg

Nach § 22 der Verordnung müssen Freizeiteinrichtungen und Vergnügungsstätten geschlossen werden.

Bremen

§ 4 der Verordnung regelt die Schließung von Vergnügungsstätten und Freizeiteinrichtungen.

Hamburg

In Hamburg ist die vorübergehende Schließung in § 4b der Verordnung vorgesehen.

Hessen

Der Betrieb von Einrichtungen und Angeboten, die schwerpunktmäßig der Unterhaltung oder Freizeitgestaltung dienen, ist für den Publikumsverkehr untersagt, § 2 Abs. 1a der Verordnung.

Mecklenburg-Vorpommern

In diesem Bundesland wird die Untersagung in § 2 der Verordnung angeordnet.

Niedersachsen

Rechtsgrundlage ist hier § 10 Abs. 1 der Verordnung, z. B. Nummer 5 für Kinos, Freizeitparks, Zoos und Tierparks.

Nordrhein-Westfalen

Nordrhein-Westfalen hat den Freizeit- und Vergnügungsstätten mit § 10 einen eigenen Paragrafen gewidmet und den dort Genannten den Betrieb untersagt.

Rheinland-Pfalz

Den gleichen Weg geht Rheinland-Pfalz und führt in § 11 alle Betriebe aus dem Bereich „Freizeit" auf, die geschlossen werden müssen.

Saarland

§ 7 der Verordnung regelt Betriebsuntersagungen und -beschränkungen sowie die Schließung von Einrichtungen.

Sachsen

Sachsen geht den Weg über einen recht langen § 4, der alle geschlossenen Einrichtungen und Angebote auflistet mit dem Freizeitbereich in Absatz 1 Nummer 9.

Sachsen-Anhalt

§ 4 legt u. a. fest, dass Freizeit-, Spiel-, Vergnügungs- und Prostitutionseinrichtungen nicht für den Publikumsverkehr geöffnet werden dürfen.

Schleswig-Holstein

Freizeiteinrichtungen, die für den Publikumsverkehr geschlossen werden müssen, finden sich in § 10 Abs. 1.

Thüringen

Von der Schließung betroffene Freizeiteinrichtungen und -angebote lassen sich § 6 der Dritten Thüringer Verordnung über außerordentliche Sondermaßnahmen zur Eindämmung der sprunghaften Ausbreitung des Coronavirus SARS-CoV-2 entnehmen.

6. Alkoholverbot

Die bundesrechtlichen Vorgaben in § 28a Abs. 1 Nr. 9 IfSG

Eine notwendige Schutzmaßnahme kann auch sein

- ein umfassendes oder zeitlich beschränktes Verbot der Alkoholabgabe,
- ein Verbot des Alkoholkonsums auf bestimmten öffentlichen Plätzen oder
- ein Verbot in bestimmten öffentlich zugänglichen Einrichtungen.

Was ist der **Sinn und Zweck von Alkoholverboten**?

Alkohol hat eine enthemmende Wirkung, Menschen interagieren vermehrt, lachen, singen und es besteht die Gefahr, dass Hygienevorgaben nicht mehr eingehalten werden; insbesondere werden keine Masken getragen und von Abstandhalten kann keine Rede sein. Anfang Dezember 2020 erregten zahlreiche „Glühwein-to-go"-Angebote Aufsehen. Mitunter tummelten sich hunderte Menschen an den Ständen oder Menschen trafen sich sogar zu „Glühwein-Massenwanderungen". Erschwerend kam hinzu, dass es in manchen Städten erlaubt war, in dem einen Stadtteil Glühwein zu trinken, in dem anderen hingegen nicht. Diesem Zustand schob wenig später die 10. Bayerische Infektionsschutzmaßnahmenverordnung mit einem Alkoholverbot den Riegel vor.

Der Regelung in § 28a Abs. 1 Nr. 9 IfSG liegt jedenfalls folgender Gedanke zugrunde (BT-Drs. 19/23944 vom 03.11.2020, S. 33 f.):

„Die Untersagung der Abgabe oder des Konsums von alkoholischen Getränken auf bestimmten öffentlichen Plätzen oder zu bestimmten Zeiten kann erheblich dazu beitragen, Infektionsrisiken zu verringern, da durch die damit verbundene Kontaktbeschränkung das Übertragungsrisiko gesenkt wird. Zudem wird verhindert, dass sich wechselnde Gäste oder Gästegruppen an den Verkaufsstellen einfinden und gruppieren. Die erhöhte Attraktivität des öffentlichen Raums bei geschlossenen gastronomischen Einrichtungen ist ferner einzukalkulieren. Hierdurch werden bestimmte öffentliche Plätze besonders attraktiv, um Partys o. ä. zu feiern. Des Weiteren dient ein Alkoholausgabeverbot dazu, spontanen gemeinschaftlichen (weiteren) Alkoholkonsum zu reduzieren, da eine zunehmende Alkoholisierung der Einhaltung der hier gesetzlich im Zentrum stehenden Kontaktminimierung entgegensteht. Das gilt insbesondere zur Nachtzeit."

Die Regelungen der Bundesländer

Baden-Württemberg

Nach § 1e Abs. 1 der Verordnung ist der Ausschank und Konsum von Alkohol im öffentlichen Raum verboten; alkoholartige Getränke dürfen nur in verschlossenen Behältern abgegeben werden.

Bayern

Nach § 24 Abs. 2 ist der Konsum von Alkohol im öffentlichen Raum untersagt. Der Verordnungsgeber begründet die Regelung wie folgt (Begründung vom 10.12.2020, S. 1):

„Alkoholkonsum birgt das Risiko einer Missachtung der Infektionsschutz-regeln und damit einer erheblichen Ansteckungsgefahr mit SARS-CoV-2. Unter Alkoholeinfluss wird die Steuerung des eigenen Verhaltens unter Berücksichtigung der Bedingungen der Umwelt beeinträchtigt; mit zunehmendem Alkoholkonsum ist mit einem Verhalten zu rechnen, das das Einhalten der Hygiene- und Abstandsregeln sowie das Tragen einer Mund-Nasen-Bedeckung in der Öffentlichkeit nicht mehr zuverlässig erwarten lässt. Die bisherigen Erfahrungen haben gezeigt, dass ein auf bestimmte, örtlich festgelegte Flächen und Plätze begrenztes Konsumverbot zu Ausweichverhalten führt und daher zur effektiven Eindämmung des Infektionsrisikos nicht ausreicht. In der aktuellen Infektionslage ist daher ein weitergehendes und unmittelbar geltendes Verbot des Alkoholkonsums im öffentlichen Raum erforderlich, um die Weiterverbreitung des Coronavirus einzudämmen."

2

Berlin

Nach § 8 Abs. 1 der Verordnung ist in der Zeit von 23 Uhr bis 6 Uhr des Folgetages

- der Ausschank,
- die Abgabe und
- der Verkauf

von alkoholischen Getränken verboten.

Ganztägig sind

- der Verkauf und
- die Abgabe

von alkoholischen Getränken verboten, die nach ihrer Darreichungs-form zum unmittelbaren Verzehr bestimmt oder geeignet sind, insbesondere in Gläsern, Bechern oder Einweggetränkebehältnissen. Satz 2 gilt nicht für handelsüblich geschlossene Getränkeflaschen, -dosen oder -tüten.

Nach Absatz 2 ist der Verzehr von alkoholischen Getränken im öffentlichen Raum im Freien untersagt.

Brandenburg

Das Alkoholkonsumverbot im öffentlichen Raum ist Gegenstand von § 4 der Verordnung.

Bremen

In Bremen ist nach § 4 der Verordnung untersagt:

- der Außenausschank und
- der Verkauf offener alkoholischer Getränke („to go").

Hamburg

Nach § 4e der Verordnung ist der Verzehr alkoholischer Getränke

- auf öffentlichen Wegen,
- Straßen,
- Plätzen und
- Grün- und Erholungsanlagen

untersagt.

Hessen

Nach § 1 Abs. 1 Satz 4 ist der Konsum von Alkohol im öffentlichen Raum untersagt.

Mecklenburg-Vorpommern

Nach § 1 ist der Verzehr alkoholischer Getränke in der Öffentlichkeit untersagt.

Niedersachsen

In Niedersachsen ist nach § 10 Abs. 1a der Verordnung untersagt

- der Verkauf und
- die Abgabe

alkoholischer Getränke, die nach ihrer Darreichungsform zum unmittelbaren Verzehr bestimmt oder geeignet sind, insbesondere in

- Gläsern,
- Bechern oder
- Einweggetränkebehältnissen.

Dies gilt nicht für handelsüblich geschlossene **Getränkeflaschen**, -dosen und -tüten. Die zuständige Behörde kann den Verkauf und die Abgabe alkoholischer Getränke an bestimmten Orten und zu be-

stimmten Zeiten untersagen, wenn Tatsachen die Annahme rechtfertigen, dass es an diesen Orten oder in ihrer unmittelbaren Um-
gebung aufgrund von gemeinschaftlichem Alkoholkonsum in der
Öffentlichkeit zu Verstößen gegen § 2 (Kontaktbeschränkung und
Abstandsgebot) kommt; das Verbot ist angemessen zu befristen.

Nordrhein-Westfalen

Nach § 2 Abs. 5 der Verordnung ist der Verzehr von alkoholischen
Getränken im öffentlichen Raum untersagt.

Rheinland-Pfalz

Der Konsum von alkoholischen Getränken im öffentlichen Raum ist
untersagt (§ 2 Abs. 1). Zwar sind in der Gastronomie u. a. Abhol-,
Liefer- und Bringdienste sowie der Straßenverkauf zulässig, dies gilt
freilich nicht für den Alkoholausschank (§ 7 Abs. 1).

Saarland

Im Saarland ist den Betreibern von Verkaufsstellen, Gaststätten und
sonstigen Gastronomiebetrieben

- jede Art von Verkauf,

- Lieferung und

- Abgabe

alkoholartiger Getränke in der Zeit von 23.00 bis 6.00 Uhr untersagt
(§ 7 Abs. 8). Hierdurch soll vermieden werden, dass sich – unter der
enthemmenden Wirkung des Konsums alkoholhaltiger Getränke –
größere Gruppen ggf. auch spontan zusammenfinden, gemeinsam
Alkohol konsumieren und dadurch das Risiko einer Infektion mit
dem SARS-CoV-2 Virus erhöht wird, denn es steht zu befürchten,
dass durch den Kauf und den damit verbundenen Konsum von Alkohol zu späterer Stunde eine Zusammenkunft einer größeren Personenzahl insbesondere im öffentlichen Raum, wie beispielsweise in
Parks, befördert wird und sich damit das Ansteckungsrisiko mit dem
SARS-CoV-2 Virus erhöht (Begründung zur Verordnung).

Die Ortspolizeibehörden werden ermächtigt, auf belebten Plätzen
und Straßen den Verzehr von alkoholischen Getränken zu untersagen (Absatz 8a). Ziel ist es, größere Menschenansammlungen zu vermeiden und damit das Infektionsrisiko zu senken und die Kranken-

häuser zu entlasten; der Mindestabstand und weitere Regelungen könnten in dieser berauschten Situation höchstwahrscheinlich nicht immer eingehalten und befolgt werden, so dass das Infektionsrisiko deutlich ansteigen würde (Begründung zur Verordnung).

Sachsen

Nach § 2d ist der Alkoholausschank und -konsum in der Öffentlichkeit verboten. Die Abgabe von alkoholhaltigen Getränken ist nur in mitnahmefähigen und verschlossenen Behältnissen erlaubt.

2

Sachsen-Anhalt

Nach § 6 Abs. 1 ist der Alkoholausschank und -konsum in der Öffentlichkeit verboten. Die Abgabe von alkoholhaltigen Getränken ist nur in mitnahmefähigen und verschlossenen Behältnissen erlaubt.

Die Begründung des Verordnungsgebers lautet wie folgt (Begründung zur 9. SARS-CoV-2-EindV, S. 23):

„Durch das Verbot sollen Anreize zur Bildung von Ansammlungen in der Öffentlichkeit vermieden werden und einer verminderten Einhaltung der gebotenen Verhaltensweisen infolge alkoholbedingter Enthemmung entgegengetreten werden. Besonders im öffentlichen Raum besteht die Gefahr, dass sich stetig wechselnd neue Personengruppen zum Verzehr der Getränke zusammenfinden. Die Kontaktnachverfolgung ist in diesem Fällen faktisch nicht möglich. Durch die enthemmende Wirkung des Alkohols können die alkoholisierten Personen Gefahren, insbesondere Infektionsrisiken, nicht oder nur beschränkt einschätzen, sodass der Konsum von Alkohol im öffentlichen Raum einzuschränken ist. Diese Gefahren bestehen derzeit besonders durch den Verkauf von Glühwein und ähnlichen Heißgetränken sowie durch die Silvesterfeiern. Ein Alkoholverbot nur für bestimmte Plätze ist kein gleich wirksames milderes Mittel zur Vermeidung der geschilderten Gefahren, da sich der Konsum des Alkohols hierdurch nur verlagern würde. Eine Abgabe von alkoholhaltigen Getränken ist nur in mitnahmefähigen und verschlossenen Behältnissen erlaubt. Die verschlossenen Behältnisse bieten die Möglichkeit des Transports der erworbenen alkoholischen Getränke zum Verzehr im privaten Bereich."

Schleswig-Holstein

Nach § 2b der Verordnung sind sowohl der Ausschank als auch der Verzehr von alkoholhaltigen Getränken untersagt.

Thüringen

Nach § 3a der Dritten Thüringer SARS-CoV-2-Sondereindämmungs-maßnahmenverordnung sind Alkoholausschank und Alkoholkonsum im öffentlichen Raum untersagt. Alkoholkonsum fördert zum einen eine unerwünschte oder verbotene Gruppenbildung, insbesondere im öffentlichen Raum, mit zunehmendem Alkoholgenuss sinkt die Bereitschaft, sich verantwortungsvoll zu verhalten und notwendige Kontakt- und Abstandsregeln einzuhalten. Gerade während der arbeitsfreien Weihnachtsfeiertage besteht die Gefahr einer alko-holbedingten Gruppenbildung: Um dies zu vermeiden, verbietet § 3a sowohl den Ausschank als auch den Genuss bzw. Konsum al-koholhaltiger Getränke oder Waren (Begründung zur Verordnung vom 14.12.2020).

7. Untersagung oder Beschränkung von Übernachtungsangeboten

Die bundesrechtlichen Vorgaben in § 28a Abs. 1 Nr. 12 IfSG

Im Rahmen einer notwendigen Schutzmaßnahme können auch Übernachtungsangebote untersagt oder beschränkt werden. Ge-rechtfertigt werden kann dies wie folgt:

- Einerseits wird das Virus sehr leicht im Wege der Tröpfchen-infektion und durch Aerosole übertragen, sodass physische Kon-takte zwischen Menschen drastisch beschränkt werden müssen;

- des Weiteren kann so die Mobilität im Bundesgebiet reduziert und eine Nachverfolgung erleichtert werden – die entsprechen-de Belastung für Reisende und Anbieter lässt sich durch eine Befristung reduzieren (BT-Drs. 19/23944 vom 03.11.2020, S. 32).

Notwendige Übernachtungen, etwa für berufliche und geschäftli-che Zwecke (z. B. auch Saisonarbeiter) können ausgenommen wer-den (BT-Drs. 19/23944 vom 03.11.2020, S. 32).

Die Folgen sind für beide Seiten gravierend:

- Der Bürger fühlt sich in seinem Freizügigkeitsrecht aus Art. 11 GG verletzt;

- der Betreiber fürchtet um seine Existenz: Man denke z. B. an die Folgen, wenn Corona dem gesamten Wintertourismus den Garaus machte.

Insofern vermag es nicht zu verwundern, dass sowohl Touristen als auch Beherbergende gleichermaßen vor die Gerichte zogen – hier zwei Beispiele:

„Ein Beherbergungsverbot bewirkt schwerwiegende Eingriffe in Grundrechte, die insbesondere nach Maßgabe der Verhältnismäßigkeit zu rechtfertigen sein müssen",

So entschied das BVerfG (BVerfG, Beschl. v. 22.10.2020 – Az. 1 BvQ 116/20, COVuR 2020, 883). Den entsprechenden Antrag hatte eine Familie aus Thüringen gestellt, die ihren Urlaub in Schleswig-Holstein verbringen wollte; allerdings war der Antrag nicht hinreichend begründet und daher erfolglos.

Im November hat sich der BayVGH mit dem Antrag einer Hotelbetreiberin befasst, die sich gegen die Schließung ihres Unternehmens wendet (BayVGH, Beschl. v. 05.11.2020 – Az. 20 NE 20.2468, COVuR 2020, 884). Aber auch der BayVGH sieht die Betriebsuntersagung als Teil eines Gesamtkonzepts zugunsten des möglichst langen Offenhaltens von Schulen und Kindertagesstätten.

Folglich erwiesen sich die angegriffenen Bestimmungen im Rahmen einer prognostischen Einschätzung weder als offensichtlich unverhältnismäßig noch als gleichheitswidrig.

Nummer 12 des § 28a Abs. 1 IfSG ist freilich eng verwandt mit dem 11. Regelbeispiel: Dort können (insbesondere) touristische Reisen untersagt oder beschränkt werden. Im Einzelfall kann auch die Frage, ob ein Besuch touristisch ist, schwer zu beantworten sein (*Eibenstein*, 2020a, S. 859).

Die Regelungen der Bundesländer

Baden-Württemberg

Der Betrieb von Beherbergungsbetrieben und sonstigen Einrichtungen, die Übernachtungsangebote gegen Entgelt anbieten, ist untersagt, mit **Ausnahme** von

- notwendigen geschäftlichen, dienstlichen Übernachtungen oder
- in besonderen Härtefällen (§ 13 Abs. 2 Nr. 3 der Verordnung).

Besondere Härtefälle liegen z. B. bei Dauercampern vor, da das Verbot ansonsten zu einer Obdachlosigkeit führen kann (Begründung zur Corona-Verordnung vom 30.11.2020, S. 31).

Bayern

In Bayern dürfen nach § 14 Abs. 1 der Verordnung Übernachtungsangebote von

- Hotels,
- Beherbergungsbetrieben,
- Schullandheimen,
- Jugendherbergen,
- Campingplätzen und
- allen sonstigen gewerblichen oder entgeltlichen Unterkünften

nur für glaubhaft notwendige, insbesondere für berufliche und geschäftliche Zwecke zur Verfügung gestellt werden; Übernachtungsangebote zu touristischen Zwecken sind untersagt.

Berlin

Nach § 16 Abs. 2 der Verordnung sind Übernachtungen in

- Hotels,
- Beherbergungsbetrieben,
- Ferienwohnungen und
- ähnlichen Einrichtungen

untersagt und dürfen von den Betreiberinnen und Betreibern nicht angeboten werden. Davon **ausgenommen** sind Übernachtungen anlässlich von Dienst- und Geschäftsreisen und aus notwendigen privaten Gründen. Die Betreiberinnen und Betreiber der Einrichtungen müssen vor Abschluss eines Vertrags den Zweck der Vermietung oder Beherbergung der Gäste erfragen und diesen zusammen mit den erfassten Personaldaten des Gastes dokumentieren. Die Gäste haben diesbezügliche Angaben vollständig und wahrheitsgemäß zu machen.

Brandenburg

§ 11 der Verordnung sieht vor, dass es Betreiberinnen und Betreibern von

- Beherbergungsstätten,

- Campingplätzen und

- Wohnmobilstellplätzen sowie

- privaten und gewerblichen Vermieterinnen und Vermietern oder

- Verpächterinnen und Verpächtern von Ferienwohnungen und -häusern sowie vergleichbaren Angeboten

untersagt ist, Personen zu touristischen Zwecken wie Freizeitreisen zu beherbergen. Dies gilt nicht für die Vermietung und Verpachtung von Ferienwohnungen und -häusern, die auf der Grundlage eines Miet- oder Pachtvertrags mit einer Laufzeit von mindestens einem Jahr nicht nur vorübergehend genutzt werden.

Ferner dürfen Übernachtungsangebote gegen Entgelt unabhängig von der Betriebsform nur zu geschäftlichen oder dienstlichen Zwecken zur Verfügung gestellt werden. Die für die Angebote Verantwortlichen haben auf der Grundlage eines individuellen Hygienekonzepts durch geeignete organisatorische Maßnahmen Hygienemaßnahmen sicherzustellen.

Bremen

Nach § 4 Abs. 2 Nr. 10 der Verordnung werden Beherbergungsbetriebe geschlossen, soweit es die Unterbringung von Gästen, die keinen Wohnsitz oder keinen ständigen Aufenthalt in Bremen haben, betrifft. **Ausnahmen** sind möglich, insbesondere wenn beim Beherbergungsbetrieb eine eidesstattliche Versicherung hinterlegt wird, dass die Beherbergung nicht aus einem touristischen Anlass erfolgt.

Hamburg

Nach § 16 der Verordnung dürfen Übernachtungsangebote in Beherbergungsbetrieben, in Ferienwohnungen, auf Campingplätzen und in vergleichbaren Einrichtungen nur für die folgenden Aufenthaltszwecke bereitgestellt werden:

1. beruflich veranlasste Aufenthalte,

2. medizinisch veranlasste Aufenthalte,

3. zwingend sozial-ethisch veranlasste Aufenthalte,

4. in der Zeit vom 24. bis einschließlich 26.12.2020 für Aufenthalte zum Zweck des Besuchs von Familienangehörigen.

Die Betriebsinhaberin oder der Betriebsinhaber muss vor Abschluss eines Vertrags den Zweck der Vermietung oder Beherbergung des Gastes erfragen und diesen zusammen mit den erfassten Personaldaten des Gastes dokumentieren. Soweit Beherbergungs- oder Mietverträge bis zum 01.11.2020 abgeschlossen waren und die Miete oder Beherbergung begonnen hat, ist die Beherbergung oder Miete zu beenden, sobald sichergestellt ist, dass der Gast abreisen kann.

Hessen

Nach § 4 Abs. 3 der Verordnung sind Übernachtungsangebote nur zu notwendigen Zwecken erlaubt, nicht hingegen zu touristischen Zwecken.

Mecklenburg-Vorpommern

§ 4 der Verordnung untersagt seit dem 01.11.2020 den Betreibern von Beherbergungsstätten, wie z. B.

- Hotels und Pensionen und vergleichbaren Angeboten,

- Campingplätzen,

- Wohnmobilstellplätzen sowie

- privaten und gewerblichen Vermietern von Ferienwohnungen und

- vergleichbaren Angeboten, wie Homesharing,

Personen zu touristischen Zwecken und für Besuche der Kernfamilie zu beherbergen.

Dieses Verbot gilt nicht für Personen,

- die mit Betreibern von Campingplätzen, Vermietern von Ferienwohnungen und -häusern oder Hausbooten oder vergleichbaren Anbietern bis einschließlich 31.08.2020 einen Vertrag über mindestens sechs Monate für das Jahr 2020 und 2021 abgeschlossen haben, sowie

- nicht für Personen, die Eigentümer oder Erbbauberechtigte oder Pächter eines auf dem Gebiet des Landes Mecklenburg-Vorpommern liegenden Grundstücks, Kleingartens oder Bootseigner mit Liegeplatz in Mecklenburg-Vorpommern sind.

Niedersachsen

Nach § 10 Abs. 2 sind den Betreibern

- einer Beherbergungsstätte oder einer ähnlichen Einrichtung,

- eines Hotels,

- eines Campingplatzes,

- eines Wohnmobilstellplatzes oder

- eines Bootsliegeplatzes sowie

- dem gewerblichen oder privaten Vermieter einer Ferienwohnung oder eines Ferienhauses

Übernachtungsangebote und das Gestatten von Übernachtungen zu touristischen Zwecken untersagt.

Im Übrigen sind Übernachtungsangebote und Übernachtungen nur zu notwendigen Zwecken, wie z. B. aus Anlass von Dienst- oder Geschäftsreisen, zulässig. Bereits vor dem 02.11.2020 angetretene Aufenthalte mit Übernachtungen müssen nicht abgebrochen werden.

Ausgenommen sind Übernachtungen auf Parzellen auf Campingplätzen oder auf Bootsliegeplätzen, die ganzjährig oder für die Dauer einer Saison vermietet sind.

Nordrhein-Westfalen

In Nordrhein-Westfalen sind nach § 15 Abs. 1 der Verordnung Übernachtungsangebote zu privaten Zwecken untersagt. Die Nutzung von

- dauerhaft angemieteten oder

- im Eigentum befindlichen Immobilien und von

- dauerhaft abgestellten Wohnwagen, Wohnmobilen usw.

ausschließlich durch die Nutzungsberechtigten bleibt zulässig. Beim Betrieb von Gemeinschaftseinrichtungen auf Campingplätzen usw. sowie bei der Beherbergung von Reisenden einschließlich ihrer

2

gastronomischen Versorgung sind Hygiene- und Infektionsschutz-standards zu beachten.

Rheinland-Pfalz

Die Verordnung sieht in § 8 vor, dass Einrichtungen des Beherbergungsgewerbes, insbesondere

- Hotels, Hotels garni,
- Pensionen, Gasthöfe, Gästehäuser und ähnliche Einrichtungen,
- Ferienhäuser, Ferienwohnungen,
- Privatquartiere und ähnliche Einrichtungen,
- Jugendherbergen, Familienferienstätten, Jugendbildungsstätten,
- Erholungs-, Ferien- und Schulungsheime,
- Ferienzentren und ähnliche Einrichtungen,
- Campingplätze, Reisemobilplätze, Wohnmobilstellplätze und ähnliche Einrichtungen

geschlossen sind. Diese können bei Bedarf ausschließlich für den nicht touristischen Reiseverkehr unter Beachtung der allgemeinen Schutzmaßnahmen öffnen.

Saarland

Untersagt ist nach § 7 Abs. 7 der Verordnung der Betrieb von

- Hotels,
- Beherbergungsbetrieben und Campingplätzen

sowie die Zurverfügungstellung jeglicher Unterkünfte zu privaten touristischen Zwecken. Abweichend hiervon ist der hoteltypische Betrieb nur für beruflich veranlasste oder aus unabweisbaren persönlichen Gründen Reisende zulässig. Sogenannte **Dauercamper** sind von der Regelung nicht betroffen, insbesondere, wenn sie einen Zweitwohnsitz angemeldet haben; sie wohnen weitestgehend stationär, so dass eine Nachverfolgbarkeit gewährleistet werden kann (Begründung zur Verordnung).

Sachsen

§ 4 Abs. 2 Nr. 21 der Verordnung untersagt Übernachtungsangebote mit Ausnahme von Übernachtungen aus notwendigen beruflichen, medizinischen oder sozialen Anlässen.

Sachsen-Anhalt

§ 5 Abs. 1 der Verordnung untersagt Betreibern von Beherbergungsstätten, wie z. B.

2

- Hotels, Hostels,

- Jugendherbergen, Familienferienstätten,

- Pensionen und vergleichbaren Angeboten,

- Campingplätzen, Wohnmobilstellplätzen,

- Yacht- und Sportboothäfen

sowie privaten und gewerblichen Vermietern

- von Ferienhäusern, Ferienhausparks, Ferienwohnungen, Ferienzimmern sowie

- von Übernachtungs- und Schlafgelegenheiten (homesharing) und

- vergleichbaren Angeboten,

Personen zu touristischen Zwecken zu beherbergen. Eine Beherbergung von Personen aus familiären oder beruflichen Gründen ist nur zulässig, soweit dies zwingend notwendig und unaufschiebbar ist.

Schleswig-Holstein

Ein Gast darf nur beherbergt werden, wenn er zuvor schriftlich bestätigt, dass die Übernachtung ausschließlich zu

- beruflichen,

- medizinischen oder

- zwingend sozial-ethischen Zwecken

erfolgt, § 17 der Verordnung.

Der Verordnungsgeber begründet diese Regelung wie folgt (Begründung vom 14.12.2020):

„Mit der engen Ausnahme des Sozial-Ethischen sind beispielsweise unabweisbare Übernachtungen anlässlich von Bestattungen oder bei der Sterbebegleitung gemeint. Bei den medizinischen Gründen ist neben der eigenen Betroffenheit auch beispielsweise die Begleitung von minderjährigen Kindern unter 14 Jahren bei einem Krankenhausaufenthalt miterfasst.

Der Grundrechtseingriff ist zur Vermeidung einer Gesundheitsnotlage angemessen. Die Beschränkung der Beherbergung auf bestimmte Personengruppen ist in diesem Fall das mildeste Mittel. Die Einschränkung der Beherbergung stellt einen Beitrag dazu dar, Kontakte auf das notwendige Maß zu beschränken. Zudem ist zu berücksichtigen, dass die Beschränkung der Beherbergung in anderen Bundesländern und die stark eingeschränkte Möglichkeit zu Auslandsreisen dazu führen, dass sich Touristen in den Gebieten konzentrieren, in denen touristische Reisen mit Unterbringung noch möglich sind. Würde also Schleswig-Holstein die touristische Beherbergung zulassen, würde dies zwangsläufig zu vermehrten Reisen nach Schleswig-Holstein führen. Die damit einhergehenden vermehrten Kontakte und höhere Menschendichte würden zwangsläufig zu erhöhten Ansteckungsgefahren führen. Hygienekonzepte und die allgemeinen Regelungen zum Schutz der Ausbreitung der Pandemie würden eine Ansteckungsgefahr lediglich reduzieren, aber nicht gänzlich ausschließen.

Eine Differenzierung nach dem Zweck der Beherbergung ist aus Gleichbehandlungsgründen gerechtfertigt, da die Untersagung der Unterbringung für Gäste, die aus beruflichen, medizinischen oder zwingenden sozialethischen Gründen reisen, einen schwerwiegenderen Eingriff darstellen würde im Vergleich zu touristisch oder aus anderen privaten Zwecken Reisenden. Die Vorschrift gilt für sämtliche Beherbergungsbetriebe wie beispielsweise Hotels, Pensionen, Ferienhäuser, privat und gewerblich vermietete Ferienwohnungen, Jugendfreizeiteinrichtungen, Jugendbildungseinrichtungen, Jugendherbergen, Schullandheime und vergleichbare Einrichtungen. Eigentümer von Zweitwohnungen, die ihre eigene Häuslichkeit nutzen, stellen keinen Beherbergungsbetrieb im Sinne von § 17 dar. Das gleiche gilt für Mieter von Zweitwohnungen, die ihre Zweitwohnung auf Grundlage langfristig abgeschlossener Mietverträgen selbst nutzen. Vergleichbar hierzu sind auch Campingplätze und Wohnmobilstellplätze unter besonderen Bedingungen kein Beherbergungsbetrieb und zwar nur dann nicht, wenn dort dauerhaft gecampt wird. In Anlehnung an das Bauordnungsrecht muss der Wohnwagen, das Wohnmobil, das Campingzelt oder das Campinghaus quasi als eine ortsfeste Anlage zu werten sein. Hiervon ist auszugehen, wenn sie unbewegt bleiben und der Stellplatz bzw. die Unterkunft langfristig, d. h. für mindestens 5 Monate, gemietet wird. In diesem Sinne sind auch Sportboothäfen keine Beherbergungsbetriebe, sofern die Liegeplätze langfristig vermietet werden. Da nur der Gast weiß, ob er zu beruflichen oder zu medizinischen Zwecken eine Beherbergung aufsucht, wird von ihm eine Bestätigung verlangt, dass er nur aus diesen Gründen beherbergt werden soll."

Thüringen

Nach § 4 Abs. 2 der Dritten Thüringer SARS-CoV-2- Sondereindämmungsmaßnahmenverordnung dürfen entgeltliche Übernachtungsangebote nur für notwendige, insbesondere für

- medizinische,
- berufliche und
- geschäftliche Zwecke

zur Verfügung gestellt werden.

Übernachtungsangebote für touristische Zwecke sind untersagt. Beherbergungsbetriebe, die ausschließlich Übernachtungsangebote für andere Zwecke unterbreiten, sind zu schließen.

8. Untersagung oder Beschränkung von gastronomischen Einrichtungen

Die bundesrechtlichen Vorgaben in § 28a Abs. 1 Nr. 13 IfSG

Der Betrieb gastronomischer Einrichtungen kann untersagt oder beschränkt werden. Der Gesetzgeber (BT-Drs. 19/23944 vom 03.11.2020, S. 34) bezweckt mit dieser Schutzmaßnahme Folgendes:

„Um die Rückverfolgbarkeit von Infektionsketten zu ermöglichen und eine Überlastung des Gesundheitssystems zu verhindern, müssen zeitweise persönliche Kontakte auf ein absolut notwendiges Minimum begrenzt werden. Insbesondere in der Gastronomie kommt es zu vielfältigen Kontakten zwischen häufig wechselnden Personen. Daher ist es geboten, in diesem Bereich die Kontakte zu reduzieren. Gastronomiebetriebe, also Gaststätten, Bars, Kneipen und Restaurants, zeichnen sich auch dadurch aus, dass bei dem Genuss von Speisen und Getränken trotz geringen Abstands naturgemäß keine Alltagsmasken getragen werden können. Bei der geselligen Zusammenkunft im stationären Gastronomiebetrieb kann es, gerade wenn auch Alkohol konsumiert wird, regelmäßig zur Unterschreitung von Mindestabständen und erhöhtem Aerosolausstoß kommen, da man gemeinsam eine geraume Zeit in einem geschlossenen Raum verbringt. Insoweit kann der Betrieb von Schank- und Speiseräumen bei entsprechendem Infektionsgeschehen vollständig untersagt werden. Alternativ kommen auch Sperrstunden in Betracht, da insbesondere ein längeres oder nächtliches Verweilen zu stärkerem Alkoholkonsum anregt und damit vermehrt unmittelbare Kontakte zu erwarten sind.

Eine Beschränkung der gastronomischen Tätigkeiten auf Lieferservices ist ferner möglich. Auch hier sind angemessene Schutz- und Hygienekonzepte einzuhalten."

Den **Gastronomen** setzt die Pandemie schwer zu:

- von Schließungen im Frühjahr 2020 (bzw. Beschränkungen auf Lieferdienstleistungen oder To-Go-Services) über

- Lockerungen unter Auflagen (u. a. Hygienevorgaben, Gästeliste) wieder hier zu

- Schließungen ab November 2020 (bzw. Beschränkungen auf Lieferdienstleistungen oder To-Go-Services).

Aktuell Anfang Januar 2021 ist noch nicht absehbar, wann der „Gastro-Lockdown" enden wird. Viele Gastwirte sind verärgert über den November-Lockdown, denn über die Sommermonate haben sie eifrig an Hygienekonzepten gefeilt, in Luftreinigungsanlagen investiert und im Herbst wurde noch darüber diskutiert, eine Bewirtung im Außenbereich mithilfe von Heizpilzen zu ermöglichen. Auch ist die Gefahr nicht von der Hand zu weisen, dass sich im Falle einer Schließung vieles in die Privathaushalte verlagert, was eine Kontrolle erschwert.

Nach dem Bund-Länder-Beschluss vom 05.01.2021 werden **Betriebskantinen** geschlossen, wo immer die Arbeitsabläufe es zulassen. Zulässig bleibt die Abgabe von mitnahmefähigen Speisen und Getränken. Ein Verzehr vor Ort ist untersagt.

Gerichtsentscheidungen zu Gastro-Schließungen

In der ersten Jahreshälfte zogen zahlreiche Gastwirte vor die Gerichte (dazu die Zusammenfassung bei *Lutz*, § 32 IfSG, Rn. 14):

- So hat der VGH Baden-Württemberg (VGH BW, Beschl. v. 27.05.2020 – Az. 1 S 1528/20) entschieden, dass es unzulässig ist, den Betrieb bestuhlter Außenbewirtschaftung von Speisewirtschaften zu erlauben, in Bars und Kneipen indes zu verbieten.

- Der Bayerische VGH (BayVGH, Beschl. v. 19.06.2020 – Az. 20 NE 20.1127) kam zum Ergebnis, dass die Beschränkung der Abgabe von Speisen und Getränken in der Gastronomie auf die Zeit zwischen 6 und 22 Uhr keine verhältnismäßige Schutzmaßnahme ist. In Entscheidungen zum „November-Lockdown" wird im Rahmen der Abwägung auf das Gesamtkonzept zur Reduzierung von Infektionen verwiesen und betont, dass staatliche Entschädigungen für den Umsatzausfall angekündigt wurden (BayVGH, Beschluss vom 05.11.2020 – Az. 20 NE 20.2468, COVuR 2020, 884).

Die Regelungen der Bundesländer

Baden-Württemberg

Der Betrieb des Gastgewerbes ist untersagt.

Dies gilt nicht für

- den Außer-Haus-Verkauf,

- Abhol- und Lieferdienste oder

- die Verpflegung im Rahmen eines zulässigen Übernachtungsangebots,

§ 1d der Verordnung.

2

Bayern

Nach § 13 der Verordnung sind Gastronomiebetriebe jeder Art grundsätzlich untersagt. **Zulässig** sind

- die Abgabe und

- Lieferung von mitnahmefähigen Speisen und Getränken.

Bei der Abgabe von Speisen und Getränken ist ein Verzehr vor Ort untersagt.

Berlin

Gaststätten dürfen nicht für den Publikumsverkehr geöffnet werden; es ist jedoch **möglich**, Speisen und Getränke zur Abholung oder Lieferung anzubieten.

Dann sind jedoch geeignete Vorkehrungen zu treffen, um die Kaufabwicklung zu steuern und Menschenansammlungen zu vermeiden (§ 15 Abs. 1 der Verordnung).

Brandenburg

Auch in diesem Bundesland sind die Gaststätten für den Publikumsverkehr zu schließen. **Zulässig** ist u. a. der reine Außerhausverkauf, wobei keine Abstell- oder Sitzgelegenheiten bereitgestellt werden dürfen und auch kein Verzehr vor Ort stattfinden darf (§ 10 der Verordnung).

Bremen

In Bremen werden Gastronomiebetriebe für den Publikumsverkehr geschlossen. Ausnahmen sind nach § 4 Abs. 2 Nr. 8 der Verordnung möglich.

Hamburg

Die Betriebsuntersagung ist Gegenstand von § 15 der Verordnung. Dort finden sich auch **Ausnahmen**, z. B. für die Auslieferung und den Abverkauf zum Mitnehmen.

2

Hessen

Gaststätten dürfen Speisen und Getränke nur zur Abholung anbieten; dabei sind die einschlägigen Hygienevorgaben zu beachten, § 4 der Verordnung.

Mecklenburg-Vorpommern

Nach § 3 der Verordnung sind Gaststätten geschlossen; ausgenommen sind

- die Belieferung,

- die Mitnahme und

- der Außer-Haus-Verkauf.

Niedersachsen

Gastronomiebetriebe sind geschlossen; ausgenommen hiervon sind u. a.

- der Außer-Haus-Verkauf,

- die Abholung sowie

- Angebote zur Versorgung von Berufskraftfahrern auf Raststätten und Autohöfen an Bundesautobahnen, § 10 Abs. 1 Nr. 2 der Verordnung.

In der Anlage 31 zu § 3 Abs. 2 finden sich Auflagen für den gastronomischen Außerhausverkauf.

Nordrhein-Westfalen

Nach § 14 der Verordnung ist der Betrieb von Restaurants, Gaststätten, Imbissen, Kneipen, Cafés, Kantinen, Mensen und anderen gastronomischen Einrichtungen untersagt, wobei es für Kantinen und Mensen Ausnahmen gibt. Zulässig ist

- die Belieferung mit Speisen und Getränken sowie
- der Außer-Haus-Verkauf von Speisen und Getränken,

wenn die Mindestabstände und Hygieneanforderungen eingehalten werden.

2

Rheinland-Pfalz

§ 7 der Verordnung sieht vor, dass gastronomische Einrichtungen, insbesondere

- Restaurants, Speisegaststätten, Bars, Kneipen, Cafés, Shisha-Bars und ähnliche Einrichtungen,
- Eisdielen, Eiscafés und ähnliche Einrichtungen,
- Vinotheken, Probierstuben und ähnliche Einrichtungen,
- Angebote von Tagesausflugsschiffen einschließlich des gastronomischen Angebots und ähnliche Einrichtungen

geschlossen sind.

Abhol-, Liefer- und Bringdienste sowie der Straßenverkauf (ohne Alkoholausschank) und Ab-Hof-Verkauf sind erlaubt. Für sie gelten die allgemeinen Schutzmaßnahmen.

Saarland

Hier ist § 7 Abs. 1 der Verordnung maßgebend: Verboten sind

- der Betrieb eines Gaststättengewerbes und
- der Betrieb sonstiger Gastronomiebetriebe jeder Art.

Ausgenommen sind

- die Abgabe und Lieferung von mitnahmefähigen Speisen und Getränken für den Verzehr nicht an Ort und Stelle,
- der Betrieb von Kantinen und Mensen unter bestimmten Voraussetzungen sowie

- der Betrieb von Rastanlagen an Bundesautobahnen und gastronomische Betriebe an Autohöfen.

Sachsen

Geschlossen sind Gastronomiebetriebe sowie Bars, Kneipen und ähnliche Einrichtungen. Ausgenommen ist die

- Lieferung und

2

- Abholung von mitnahmefähigen Speisen und Getränken zum Verzehr in der eigenen Häuslichkeit oder am Arbeitsplatz sowie

- der Betrieb von Kantinen und Mensen unter den engen Grenzen des § 4 Abs. 2 Nr. 24 der Verordnung.

Sachsen-Anhalt

§ 6 der Verordnung sieht vor, dass Gaststätten für den Publikumsverkehr zu schließen sind. Davon ausgenommen sind

- die Belieferung und

- die Mitnahme von Speisen und Getränken sowie

- der Außer-Haus-Verkauf und

- die Abgabe von Lebensmitteln durch die Tafeln.

Hierbei ist sicherzustellen, dass ein Abstand von mindestens 1,5 Metern zu anderen Personen eingehalten wird und im öffentlichen Bereich einschließlich Einkaufzentren kein Verzehr in einem Umkreis von weniger als 50 Metern zum Abgabeort stattfindet. Der Verordnungsgeber begründet diese Regelung sehr ausführlich wie folgt (Begründung zur 9. SARS-CoV-2-EindV):

 „Die Schließung der Gaststätten beruht auf § 28a Abs. 1 Nr. 13 des Infektionsschutzgesetzes und ist weiterhin notwendig, um den 7-Tage-Inzidenzwert soweit zu senken, dass eine Rückkehr zum Normalbetrieb ermöglicht werden kann. Die derzeitigen Infektionszahlen machen die getroffenen Maßnahmen erforderlich, um das Gesundheitssystem, das Sozialleben und die Wirtschaft im Allgemeinen sowie auch jeden Einzelnen zu schützen. Gaststätten bleiben aus diesem Grund vorübergehend für den Publikumsverkehr geschlossen. Hierzu zählen neben Kneipen, Bars, Restaurants, Speisewirtschaften, Cafés, öffentliche Kantinen und Personalrestaurants. Zwar gab es in Deutschland vergleichsweise wenig nachgewiesene Infektionen mit Ursprung in Gastronomiebetrieben. Da es aber einen großen Anteil ungeklärter Fälle gibt, muss davon ausgegangen werden, dass eine große Dunkelziffer für Ansteckungen in der Gastronomie existiert. Hierfür spricht eine im »Morbidity and Mortality Weekly Report« des »Centers for Disease Control and Prevention« (CDC) veröffentlichte Publikation aus den USA, die ergeben hat, dass Personen mit nachgewiesener SARS-CoV-2-Infektion in den zwei Wochen vor Erkrankungsbeginn mehr als doppelt so häufig ein Restaurant, ein Café oder eine Bar besuchten als nicht Infizierte."

Schleswig-Holstein

Der Betrieb von Gaststätten wird in § 7 der Verordnung geregelt. Ausgenommen sind u. a.:

- Werkskantinen unter bestimmten Voraussetzungen,

- Lieferung und

- Abgabe (hier darf die Gaststätte nur einzeln zur Abholung betreten werden),

- Bewirtung von Gästen im Rahmen einer zulässigen Beherbergung sowie

- Autobahnraststätten und Autohöfe

Thüringen

Gaststätten sind für den Publikumsverkehr zu schließen. Der Betrieb von Nebenbetrieben an den Bundesautobahnen nach den bundesfernstraßenrechtlichen Bestimmungen sowie der von Autohöfen bleibt unberührt (§ 7 der Dritten Thüringer SARS-CoV-2-Sondereindämmungsmaßnahmenverordnung).

Von der Schließung sind ausgenommen

- die Lieferung und

- die Abholung mitnahmefähiger Speisen und Getränke sowie

- der nicht öffentliche Betrieb von Kantinen und Mensen.

9. Schließung oder Beschränkung von Gewerbebetrieben, Einzel- oder Großhandel

Die bundesrechtlichen Vorgaben in § 28a Abs. 1 Nr. 14 IfSG

Nummer 14 erfasst Betriebe, Gewerbe, Einzel- und Großhandel, sofern der Betrieb oder das Gewerbe nicht durch eine der vorhergehenden Nummern speziell erfasst wird.

Dieser Schutzmaßnahme liegt folgende Überlegung zugrunde (BT-Drs. 19/23944 vom 03.11.2020, S. 33):

„In Betrieben, Gewerbe, Einzel- und Großhandel sind die Möglichkeiten von Kontakten, die zu einer Infektion führen können, vielfältig und liegen in der Natur eines arbeitsteiligen Vorgehens. Für eine Kontaktreduzierung oder ggf. eine Kontaktvermeidung kommen nicht nur die in einem Betrieb arbeitenden Personen in Betracht. Sofern die Erwerbstätigkeit auch Kunden- oder Besucherverkehr beinhalten, sind gerade die Kontakte von besonderer Relevanz, da es sich hier häufig um Wechselkontakte handeln dürfte, die eine Weiterverbreitung des Virus an weitere Personengruppen besonders begünstigen und die Kontaktnachverfolgung erschweren. Daher sind gerade Maßnahmen im Kontext von Kunden- und Besucherverkehr angezeigt. Je nach Art der bei Arbeitsprozessen in Betrieben zu erwartenden Kontakte sind angemessene Schutz- und Hygienekonzepte vorzusehen. Hierzu gehört insbesondere, mit geeigneten Maßnahmen sicherzustellen, dass Mindestabstände zwischen Mitarbeitenden, Kunden oder Besuchern eingehalten werden können. Ein geeignetes Mittel zur Kontaktreduzierung ist z. B. eine Beschränkung der Zahl von gleichzeitig in einem Ladengeschäft anwesenden Kunden bezogen auf die Verkaufsfläche. Dienstleistungen sind ggf. zu verbieten, wenn es typischerweise zu einem engen körperlichen Kontakt während einer nicht unerheblichen Zeitspanne zwischen dem Dienstleistenden und dem Kunden bzw. der Kundin kommt. Das gilt beispielsweise für Kosmetikstudios, Massagepraxen, Tattoo- oder Piercing-Studios und ähnliche Betriebe. Gerade bei körpernahen Dienstleistungen besteht ein erhöhtes Infektionsrisiko, das minimiert werden sollte. Soweit jedoch andere hochrangige Schutzgüter, wie die Gesunderhaltung oder Rehabilitation z. B. bei Physio-, Ergo- und Logotherapien, bei der Dienstleistung im Vordergrund stehen, sind strenge Schutz- und Hygienekonzepte vorzugswürdig. Besonders wichtig sind Kontakte über eine nicht unerhebliche Zeitspanne zwischen dem Dienstleistenden und dem Kunden bzw. der Kundin. Flüchtige Berührungen – wie sie etwa beim Bezahlvorgang vorkommen können – stellen dagegen ein wesentlich geringeres Risiko dar, die nur in Ausnahmefällen eine Untersagung rechtfertigen dürften, aber auch Schutz- und Hygienevorsorge erforderlich machen können."

Auch hier differenziert die Norm im Sinne der Verhältnismäßigkeit zwischen

- der Schließung als Ultima Ratio und
- Beschränkungen als milderes Mittel.

Die gängigsten Beschränkungen sind weiter oben bereits vorgestellt worden, man denke etwa an

- Zugangsbeschränkungen,

- eine Steuerung der Besucherströme oder

- Schutz- und Hygienekonzepte.

Gerade im Dezember 2020, der erneut einen „harten Lockdown" gebracht hat, zeigt sich, wie sehr die Tücke des Virus jedwede Prognosen erschwert, um nur ein Beispiel zu nennen: Im Frühjahrslockdown mussten die Friseure schließen, im Spätherbst erklärte Bundesgesundheitsminister Jens Spahn auf einer Veranstaltung, Friseure und der Einzelhandel würden mit dem heutigen Wissen über das Coronavirus nicht mehr geschlossen werden; die Maßnahmen im Dezember 2020 sind hinlänglich bekannt. Im Grunde bleibt nur die Hoffnung, dass das Problem der „diffusen Ausbreitung" gebändigt wird und ein taugliches Contact Tracing Licht ins Dunkel bringt.

Im Dezember 2020 wurde ferner diskutiert, inwiefern der Einzelhandel **Abholdienste** für Waren anbieten darf. Dies ist vor dem Hintergrund problematisch, dass sich lange Schlangen vor den Geschäften bilden könnten. Grundsätzlich bieten sich zwei Optionen an:

- Click, Reserve and Collect: Die Reservierung ist unverbindlich, und das Produkt geht in den Verkauf zurück, wenn es der Kunde nicht während des vereinbarten Zeitfensters abholt.

- Click, Buy and Collect: Der Kunde bezahlt vorab oder erst bei Abholung. Sollte der Kunde das Produkt nicht abholen, kann eine Bearbeitungsgebühr anfallen.

Die Regelungen der Bundesländer

Baden-Württemberg

In Baden-Württemberg ergeben sich die Untersagungen aus § 13 der Verordnung und aus dem im Rahmen des „Dezember-Lockdowns" neu eingefügten § 1d. Dort finden sich auch Ausnahmen, insbesondere für den Einzelhandel mit Lebensmitteln oder Gegenständen des täglichen Bedarfs.

Neu ab dem 11.01.2021 ist Folgendes: Geschlossene Einzelhandelsbetriebe können Lieferdienste anbieten. Ferner können Abholangebote (Click and Collect) angeboten werden. Dabei müssen feste Zeitfenster für die Abholung vereinbart werden. Die Hygienekonzepte vor Ort müssen eingehalten werden und Warteschlangen gilt es zu vermeiden.

Bayern

Die Adressaten der Untersagung sowie die Ausnahmen ergeben sich aus § 12 der Verordnung. **Abholdienste** sind unter bestimmten Voraussetzungen möglich, so muss u. a. eine FFP2-Maske getragen werden.

Berlin

Geschlossene Verkaufsstellen nebst Ausnahmen folgen aus § 14 der Verordnung; Abhol- und Lieferdienste sind in Berlin möglich. Untersagte Dienstleistungen inklusive der Ausnahmen können § 17 entnommen werden (z. B. notwendige medizinische Behandlungen).

Brandenburg

Schließungsanordnungen sowie entsprechende Ausnahmen ergeben sich aus § 8 (u. a. Einzelhandel) und § 9 (körpernahe Dienstleistungen).

Abhol- und Lieferdienste sind möglich.

Bremen

Die Schließung von Einrichtungen, Betrieben und Dienstleistungen folgt aus § 4.

Im Einzelhandel können bestellte Waren abgeholt werden, sofern die Kunden hierzu geschlossene Räume nur einzeln betreten oder die Ausgabe außerhalb geschlossener Räume erfolgt.

Hamburg

Hier sind insbesondere folgende Vorschriften einschlägig: § 4c für Verkaufsstellen des Einzelhandels nebst Ausnahmen (z. B. Abhol- und Lieferdienste) sowie nicht-medizinisch notwendige Dienstleistungen mit Körperkontakt nach § 14.

Hessen

§ 3a der Verordnung betrifft die Schließung von Verkaufsstätten des Einzelhandels. Zulässig sind u. a. Abhol- und Lieferdienste. Nach Maßgabe von § 6 dürfen nicht-medizinisch notwendige Dienstleistungen nicht erbracht werden.

Mecklenburg-Vorpommern

In § 2 der Verordnung werden die Adressaten der Schließung im Bereich „Einzelhandel, Einrichtungen und sonstige Stätten" benannt.

Ein Verkauf im Einzelhandel mittels Abholung und Lieferdiensten ist möglich.

Niedersachsen

Betriebsverbote sowie Betriebs- und Dienstleistungsbeschränkungen folgen aus § 10 der Verordnung.

Im Einzelhandel zulässig ist die Auslieferung jeglicher Waren auf Bestellung sowie deren Verkauf im Fernabsatz zur Abholung bei kontaktloser Übergabe außerhalb der Geschäftsräume unter Wahrung des Abstandsgebots.

Nordrhein-Westfalen

Wer ist von der Schließung betroffen?

Diese Frage beantwortet § 11 für Handel, Messen und Märkte.

Auslieferung und Abholung sind möglich unter Einhaltung der Schutzmaßnahmen.

§ 12 benennt die Betroffenen im Bereich des Handwerks, des Dienstleistungsgewerbes und der Heilberufe.

Rheinland-Pfalz

Nach § 5 Abs. 2 der Verordnung sind gewerbliche Einrichtungen geschlossen, sofern die Verordnung nichts Abweichendes bestimmt (so z. B. die Ausnahmen in § 5 Abs. 3). Abhol-, Liefer- und Bringdienste nach vorheriger Bestellung sind zulässig.

Saarland

Verbote nebst Ausnahmen ergeben sich aus § 7 der Verordnung.

Sowohl Abhol- als auch Lieferdienste sind möglich.

Sachsen

Dreh- und Angelpunkt für die Schließung von Einrichtungen und Angeboten ist § 4 der Verordnung.

Im Einzel- und Großhandel sind ausnahmsweise Telefon- und Online-angebote ausschließlich zum Versand oder zur Lieferung erlaubt.

Sachsen-Anhalt

Von der Schließung betroffene Betreiber werden in § 7 der Verordnung benannt. Abhol- und Lieferdienste sind möglich.

2 *Schleswig-Holstein*

§ 8 regelt die Schließungen im Einzelhandel sowie Ausnahmen.

Eine Ausgabe von im Fernabsatz gekauften oder bestellten Waren ist möglich, sofern der Kunde hierzu geschlossene Räume nur einzeln betritt oder die Ausgabe außerhalb geschlossener Räume erfolgt. Nicht-notwendige körpernahe Dienstleistungen dürfen nicht erbracht werden, § 9.

Thüringen

Betroffene nebst Ausnahmen werden in § 8 der Dritten Thüringer SARS-CoV-2- Sondereindämmungsmaßnahmenverordnung benannt. Abholungen sind möglich, wenn die Hygienevorgaben eingehalten werden.

10. Verarbeitung der Kontaktdaten von Kunden, Gästen, Veranstaltungsteilnehmern

Die bundesrechtlichen Vorgaben in § 28a Abs. 1 Nr. 17 i. V. m. Abs. 4 IfSG

Grundrechtsbeschränkungen sind eine Begleiterscheinung zahlreicher staatlicher COVID-19-Bekämpfungsmaßnahmen (dazu eingehend *Stoklas*, 2020, 07093). Dies gilt freilich nicht nur für die Versammlungsfreiheit.

In den Blickwinkel ist zusehends auch das Recht auf informationelle Selbstbestimmung gerückt, das dem Einzelnen die Befugnis verleiht, grundsätzlich selbst über die Preisgabe und Verwendung seiner persönlichen Daten zu bestimmen (BVerfGE 65, 1, 42 f.).

So stellten sich beispielsweise einhergehend mit der Verpflichtung der Gastronomie, Gästelisten zu führen, zahlreiche Fragen. Um nur einige zu nennen:

- Darf die Polizei auf die Gästedaten zugreifen?
- Sind offen in der Gastwirtschaft aufliegende Listen zulässig, in welche sich die Gäste fortlaufend eintragen?
- Wie kann verhindert werden, dass sich Gäste unter einem falschen Namen eintragen?
- Was passiert letztendlich mit den Daten?

Im Rahmen des neu eingeführten § 28a IfSG hat sich der Gesetzgeber auch des Datenschutzes angenommen. Denn eine Kontaktnachverfolgung potenziell Infizierter sei unerlässlich, um die Ausbreitung des Coronavirus einzudämmen:

„Eine wirksame Kontaktnachverfolgung bedingt, dass auch Informationen über Begegnungen erhoben werden. Allein die Befragung von Betroffenen kann das nicht sicherstellen, zumal die Erinnerung oftmals nur bedingt taugliche oder vollständige Informationen liefert. Erforderlich ist vielmehr, dass von Kunden, Gästen oder Veranstaltungsteilnehmern systematisch die Daten erfasst werden, damit im Infektionsfall bei zeitlichem und räumlichem Zusammenhang eine möglichst große Zahl von Betroffenen ermittelt und kontaktiert werden kann" (BT-Drs. 19/23944 vom 03.11.2020, S. 34).

In § 28a Abs. 1 Nr. 17 IfSG findet sich zunächst eine allgemeine Vorgabe, welche die

Anordnung der Verarbeitung der Kontaktdaten von Kunden, Gästen oder Veranstaltungsteilnehmern, um nach Auftreten einer Infektion mit dem Coronavirus SARS-CoV-2 mögliche Infektionsketten nachverfolgen und unterbrechen zu können

ermöglicht.

§ 28a IfSG konkretisiert Kontaktnachverfolgung

In § 28a Abs. 4 IfSG folgt sodann eine Konkretisierung dahingehend, wie dies vonstatten gehen soll. Betrachtet man diese neue Bestimmung im IfSG, lassen sich die Fragen wie nachfolgend beantworten:

Auswirkungen des § 28a Abs. 1 Nr. 17 i. V. m. Abs. 4 IfSG auf Vorgaben in Rechtsakten der Länder?

Nach Art. 6 Abs. 1 Satz 1 lit. c DSGVO ist die Verarbeitung **rechtmäßig**, wenn

- sie zur Erfüllung einer rechtlichen Verpflichtung erforderlich ist,
- welcher der Verantwortliche unterliegt.

Die entsprechenden Verpflichtungen folgten bisher aus den jeweiligen Verordnungen der Länder. Nunmehr kann sich diese Rechtspflicht auch aus Art. 28a IfSG ergeben.

Verhältnis zur Datenschutz-Grundverordnung der EU (DSGVO)?

2

Die Vorgaben der DSGVO müssen stets beachtet werden, ungeachtet infektionsschutzrechtlicher Normen, die in den Bundesländern auch voneinander abweichen können.

So stellt bereits der Grundsatz der „Datenminimierung" aus Art. 5 Abs. 1 DSGVO eine wichtige Schranke dar: Ein Gastwirt beispielsweise darf nur solche Daten sammeln, deren Erhebung ihm abverlangt wird, auch wenn zusätzliche Informationen in seinem Eigeninteresse liegen sollten.

Wer ist Adressat der Vorgabe?

Nach § 28 Abs. 4 Satz 1 IfSG müssen die Daten vom „Verantwortlichen" erhoben werden. Gemeint sind hiermit die Adressaten einer Anordnung nach § 28a Abs. 1 Nr. 17 IfSG.

Welche Daten müssen erhoben werden?

Nach § 28 Abs. 4 Satz 1 IfSG muss es sich um personenbezogene Angaben sowie Angaben zum Zeitraum und Ort des Aufenthalts handeln.

Zweck der Erhebung?

Nach § 28 Abs. 4 Satz 1 IfSG muss die Erhebung zur Nachverfolgung von Kontaktpersonen zwingend notwendig sein. Dies dürfte zu bejahen sein für

- den Vor- und Nachnamen,
- die Anschrift,
- Telefonnummer und/oder
- die E-Mail-Adresse,
- Datum und Uhrzeit des Besuchs und

- den genauen Aufenthaltsort (z. B. Tischnummer in einem Restaurant), (*Johann/Gabriel*, § 28a IfSG, Rn. 42).

Die Norm untersagt nach Satz 3 den Verantwortlichen jede anderweitige Verwendung als zum Zweck der Übermittlung nach Satz 5. Eine Verwendung für Werbezwecke ist daher ausgeschlossen.

Schutz der Daten vor einer unbefugten Einsichtnahme Dritter

Nach § 28 Abs. 4 Satz 2 IfSG muss sichergestellt werden, dass eine Kenntnisnahme der erfassten Daten durch Unbefugte ausgeschlossen ist.

2

Gerade in der Anfangszeit ist die Datenerhebung vor dem Hintergrund erfolgt, dass die Gastwirte hier „ins kalte Wasser geworfen" wurden. Viele haben nur marginale Erfahrungen mit dem Datenschutzrecht und sind in der Praxis an schnellen und simplen Lösungen interessiert. Insofern lag es nahe, einfach eine Liste aufzulegen, in welche sich die Gäste fortlaufend eintragen (dazu *o. V.*, 2020a, 07172).

Dieses Vorgehen bereitet freilich schnell Bauchschmerzen: Was, wenn die Gäste falsche Angaben machen oder sich einen fremden Namen anmaßen? Was, wenn nachfolgende Gäste die Namen der bereits anwesenden Gäste einfach der Liste entnehmen können?

Im Hinblick auf **ausliegende Tabellen** gibt es zwei Wege:

- Die Gäste tragen sich unter Beobachtung des Gastwirts/eines Vertreters selbst ein, wobei natürlich die Hygienevorgaben beachtet werden müssen. So kann der Gastwirt sicherstellen, dass z. B. andere Gäste die Liste nicht fotografieren.
- Besser wäre: Ein Mitarbeiter füllt die Liste selbst aus.

Beide Optionen (Mitarbeiter beobachtet/füllt selbst aus) sind zu gut besuchten Zeiten freilich mit Aufwand und Kosten verbunden.

„Digitale Lösungen"

Gastwirte könnten das entsprechende Formular auch als **Download** auf ihrer Internetseite zur Verfügung stellen. Der Gast füllt es dann zuhause aus und gibt es vor Ort ab oder wirft es in einen nicht durchsichtigen Kasten ein. Aber auch hier muss kontrolliert werden:

- Wer hat das Formular eingeworfen?
- Wer hatte keine Ahnung von der „Download-Option"?
- Was passiert, wenn der Gast behauptet, den Zettel am Eingang eingeworfen zu haben, obwohl dies gar nicht stimmt?

Gleichwohl geht diese **digitale Variante** in die richtige Richtung, so könnte der Gast das Formular auch direkt online ausfüllen; denkbar ist auch, dass der Gastwirt mit speziellen Apps arbeitet oder, ganz simpel, bei telefonischer Reservierung die Daten vorab selbst notiert, was alles Zeit vor Ort spart. Digitale Lösungen sind indes auch mit Know-how und Kosten verbunden und der Gastwirt müsste die Übermittlung entsprechend verschlüsseln, die Daten adäquat speichern und die Dauer der Speicherung festlegen.

Eine weitere Variante im Hinblick auf eine Vermeidung der Zettelwirtschaft wäre eine **Gästeerfassung mittels eines QR-Code-Systems.**

Was Falschangaben betrifft, stellt sich die Frage, ob verlangt werden kann, dass der **Personalausweis kopiert oder zumindest vorgelegt** wird. Der Wirt kann seiner Verpflichtung nur nachkommen, wenn er die wahre Identität kennt; insofern ist eine Vorlage nicht zu beanstanden. Im Hinblick auf ein Kopieren oder Abfotografieren des Ausweises muss gewährleistet werden, dass nur die nach der jeweiligen Verordnung notwendigen Daten abgelichtet werden.

Aufbewahrung und Löschung der Daten?

Der Verantwortliche muss die Daten vier Wochen aufbewahren, sodass die nach Landesrecht für die Erhebung der Daten zuständige Stelle diese im Bedarfsfall anfordern kann; anschließend müssen die Daten gelöscht werden, § 28a Abs. 4 Satz 3 IfSG.

Im Hinblick auf die körperliche bzw. digitale Entsorgung muss sichergestellt werden, dass Dritte nach der Entsorgung die Daten nicht mehr rekonstruieren können.

Rechte und Pflichten der zuständigen Behörden?

In § 28a Abs. 4 Satz 3 IfSG ist die Rede von der „nach Landesrecht für die Erhebung der Daten zuständigen Stelle" (i. d. R. das Gesundheitsamt): Nur diese darf die Daten vom Betreiber anfordern, soweit dies zur Kontaktnachverfolgung erforderlich ist. Die zuständige

Stelle darf die Daten nicht weitergeben oder anderweitig verwenden, § 28a Abs. 4 Satz 6 IfSG. Sobald die Daten nicht mehr benötigt werden, müssen diese unverzüglich irreversibel gelöscht werden.

Muss der Verantwortliche seine Gäste und Kunden informieren?

Der Verantwortliche ist nach Maßgabe der Art. 12 ff. DSGVO Adressat zahlreicher Informationspflichten (*o. V.*, 2020a, 07172); z. B.:

- Weshalb werden die Daten erhoben?
- Um welche Daten handelt es sich?
- Wann werden die Daten gelöscht?
- Welche Rechte hat der Gast?

Der Verantwortliche kann dies vor Ort durch einen gut sichtbaren Hinweis bewerkstelligen; bei einer Online-Kontakterhebung muss das Kontaktdatenerfassungsformular die Hinweise enthalten.

Polizeilicher Zugriff auf die Daten möglich?

Die Polizei hat bereits mehrfach auf Grundlage der §§ 160 ff. und 94 StPO auf Gästelisten zugegriffen, um in Strafsachen zu ermitteln, und zwar im Wege der Sicherstellung oder der Beschlagnahme, falls der Gastwirt die Listen nicht freiwillig herausgeben möchte. Die bundesrechtliche StPO „bricht" insofern die landesrechtlichen Corona-Verordnungen (*o. V.*, 2020b, 451).

Diese Praxis wird in einigen Ländern stark kritisiert; z. T. wird als Hürde vor dem Zugriff ein richterlicher Beschluss gefordert (dazu ausführlich *o. V.*, 2020b, 451).

Aktuell ist ein Gesetz für den polizeilichen Zugriff auf die Listen in der Diskussion; die Regierung hält dies indes nicht für notwendig: Ausreichend sei die Einhaltung der StPO als Rechtsgrundlage, außerdem müsse das Verhältnismäßigkeitsprinzip beachtet werden (*Redaktion beck-aktuell*, becklink 2017097).

Die Regelungen der Bundesländer

Baden-Württemberg

Die zentrale Vorschrift ist hier § 6 CoronaVO:

- Welche Daten müssen erhoben werden?

Vor- und Nachname, Anschrift, Datum und Zeitraum der Anwesenheit (wichtig: die genaue Uhrzeit ist nicht notwendig) und, soweit vorhanden, die Telefonnummer.

Bei einer **Betriebskantine** müssen nur Daten der externen Gäste erhoben werden, § 14 Nr. 9 CoronaVO.

Eine Kontrollpflicht bezüglich der Richtigkeit der Daten besteht für den Verpflichteten nicht. Sofern sich aufgrund der Angaben ersichtlich aufdrängt, dass offenkundig falsche oder unvollständige Angaben gemacht wurden, müssen diese hinterfragt werden, damit der Pflicht zur Datenerhebung entsprochen wird. Eine Obliegenheit für die Betroffenen, sich auszuweisen, besteht nicht. Aus Praktikabilitäts- und Verhältnismäßigkeitsgründen muss nicht der exakte Zeitpunkt von Beginn und Ende der Anwesenheit angegeben werden, es reicht vielmehr der ungefähre Zeitraum aus (Begründung zur Corona-Verordnung vom 30.11.2020, S. 18).

- Was ist der Zweck der Erhebung?

Es geht ausschließlich um eine Auskunftserteilung gegenüber dem Gesundheitsamt oder der Ortspolizeibehörde nach §§ 16, 25 IfSG.

Es gilt eine strenge Zweckbindung, sodass die Daten z. B. nicht für Werbezwecke verwendet werden dürfen (Baden-Württemberg, Der Landesbeauftragte für den Datenschutz, „Häufig gestellte Fragen zum Thema Corona: Gaststätten", verfügbar unter www.baden-wuerttemberg.datenschutz.de).

- Aufbewahrung und Löschung

Die Daten müssen vier Wochen gespeichert und sodann gelöscht werden; Unbefugte dürfen keinen Zugriff haben.

Der Betreiber ist für den korrekten Umgang der Daten selbst verantwortlich (auch im Hinblick auf notwendige Schulungsmaßnahmen); die Richtigkeit muss freilich nicht überprüft werden (Baden-Württemberg, der Landesbeauftragte für den Datenschutz, „Häufig gestellte Fragen zum Thema Corona: Gaststätten", verfügbar unter www.baden-wuerttemberg.datenschutz.de).

- Muss der Kunde bzw. der Gast seine Daten hinterlassen?

Nein. Wer allerdings die Erhebung verweigert, ist von der Nutzung der Einrichtung bzw. vom Besuch der Gaststätte auszuschließen und auf Take-Away/Lieferangebote zu verweisen (Baden-Württemberg, Der Landesbeauftragte für den Datenschutz, „Häufig gestellte Fragen zum Thema Corona: Gaststätten", www.baden-wuerttemberg.datenschutz.de).

Bayern

Hier finden sich Hinweise zur Kontaktdatenerfassung in § 1 Abs. 3 der Verordnung.

■ Welche Daten müssen erhoben werden?

Name, sichere Erreichbarkeit (Telefonnummer, E-Mail-Adresse bzw. Anschrift) sowie Zeitraum des Aufenthalts. Die Angaben müssen wahrheitsgemäß sein.

■ Was ist der Zweck der Erhebung?

Im Falle eines nachträglich erkrankten Gastes oder Mitarbeiters soll die Kontaktpersonenermittlung ermöglicht werden.

Eine Übermittlung der Informationen darf ausschließlich zum Zweck der Auskunftserteilung auf Anforderung gegenüber den zuständigen Gesundheitsbehörden erfolgen.

■ Aufbewahrung

Nähere Vorgaben finden sich etwa im „Hygienekonzept Gastronomie":

Die Daten müssen nach einem Monat vernichtet werden. Der Gastwirt muss die Liste so führen, dass Dritte sie nicht einsehen können; die Daten müssen vor unbefugter oder unrechtmäßiger Verarbeitung oder unbeabsichtigter Veränderung geschützt werden.

■ Hinweispflicht

Der Gast muss bei Erhebung der Daten entsprechend den Anforderungen an eine datenschutzrechtliche Information gemäß Art. 13 DSGVO in geeigneter Weise informiert werden.

Berlin

Rechtsgrundlage ist § 5 der SARS-CoV-2-Infektionsschutzverordnung.

Ein entsprechendes Formular zur Kontaktdatenerfassung ist auf der Internetseite des Berliner Beauftragten für Datenschutz und Informationsfreiheit verfügbar.

- In welchen Räumen gilt die Dokumentationspflicht?

Nach § 5 der Verordnung ist eine Anwesenheitsdokumentation grundsätzlich nur in geschlossen Räumen notwendig.

Die Verantwortlichen für Gaststätten haben eine Gästeliste indes auch dann zu führen, soweit Speisen oder Getränke im Freien serviert oder im Wege der Selbstbedienung zum Verzehr im Bereich der genehmigten Außengastronomie abgegeben werden.

2 - Welche Daten müssen erhoben werden?

Vor- und Familienname, Telefonnummer, E-Mail-Adresse bzw. vollständige Anschrift, Bezirk oder Gemeinde des Wohnortes oder des Ortes des ständigen Aufenthaltes, Anwesenheitszeit und ggf. Platz- oder Tischnummer.

- Was ist der Zweck der Erhebung?

Zweck ist ausschließlich die infektionsschutzrechtliche Kontaktnachverfolgung.

- Aufbewahrung

Die Daten müssen für vier Wochen aufbewahrt oder gespeichert werden, und zwar geschützt vor Einsichtnahme durch Dritte. Wird festgestellt, dass ein Gast während seines Besuchs krank, krankheitsverdächtig, ansteckungsverdächtig oder Ausscheiderin bzw. Ausscheider im Sinne des Infektionsschutzgesetzes war, müssen die Daten auf Verlangen der zuständigen Behörde herausgegeben werden. Nach Ablauf der Frist müssen die Daten gelöscht oder vernichtet werden.

- Umgang mit unvollständigen oder falschen Angaben

Macht ein Gast unvollständige oder offensichtlich unrichtige Angaben, muss diesem der Zutritt oder der weitere Verbleib verwehrt werden.

Brandenburg

- Welche Daten müssen erhoben werden?

Nach Maßgabe von § 1 Abs. 3 der Verordnung handelt es sich um den Vor- und Familiennamen, die Telefonnummer oder E-Mail-Adresse sowie Datum und Zeitraum der Anwesenheit der betreffenden Person (Veranstaltungsteilnehmende, Leistungsempfängerin oder Leistungsempfänger, Besucherin oder Besucher, Gäste).

- Wie sind die Daten zu erheben?

Die betreffende Person hat ihre Personendaten vollständig und wahrheitsgemäß anzugeben. Die oder der Verantwortliche hat die Angaben auf Plausibilität zu kontrollieren sowie sicherzustellen, dass eine Kenntnisnahme der erfassten Daten durch Unbefugte ausgeschlossen ist.

Die Landesbeauftragte für Datenschutz empfiehlt ein separates (keine Gästelisten für alle) Formular (mit einem entsprechenden Datenschutzhinweis) und stellt einen entsprechenden Vordruck auf ihrer Internetseite zur Verfügung; dieser kann vor Ort in eine Box (die nicht durchsichtig sein darf) geworfen oder vom Betreiber/ seinem Personal eingesammelt werden: Dabei darf das Formular keinesfalls unbeobachtet auf den Tischen herumliegen (Landesbeauftragte für Datenschutz, Häufig gestellte Fragen zur Erhebung der Kontaktdaten, Stand: 04.09.2020, verfügbar unter: www.lda. brandenburg.de).

- Was ist der Zweck der Erhebung?

Zweck ist die infektionsschutzrechtliche Kontaktnachverfolgung und damit einhergehend die Herausgabe auf Verlangen des Gesundheitsamts.

- Aufbewahrung

Die Daten müssen für vier Wochen aufbewahrt oder gespeichert werden, und zwar unter Einhaltung datenschutzrechtlicher Vorgaben. Die Monatsfrist gilt pro Datensatz, d. h., eine Löschung einmal pro Monat genügt nicht (Landesbeauftragte für Datenschutz, Häufig gestellte Fragen zur Erhebung der Kontaktdaten, Stand: 04.09.2020, verfügbar unter: www.lda.brandenburg.de).

Nach Ablauf der Frist müssen die Daten gelöscht oder vernichtet werden.

- Umgang mit Verweigerern oder Gästen, die falsche Angaben machen

Wer sich weigert, sollte auf das Risiko eines Bußgeldes hingewiesen werden (Landesbeauftragte für Datenschutz, Häufig gestellte Fragen zur Erhebung der Kontaktdaten, Stand: 04.09.2020, verfügbar unter: www.lda.brandenburg.de). Besser wäre es, den Zutritt zu verweigern oder den Gast auf Take-Away-Angebote oder den Lieferservice zu verweisen.

Im Hinblick auf die Richtigkeit empfiehlt sich eine Kontrolle des Ausweises (Landesbeauftragte für Datenschutz, Häufig gestellte Fragen zur Erhebung der Kontaktdaten, Stand: 04.09.2020, verfügbar unter: www.lda.brandenburg.de).

Bremen

Rechtsgrundlage ist § 8 der Verordnung.

- Welche Daten müssen erhoben werden?

Erfasst werden dürfen der Name und die Kontaktdaten (Telefonnummer oder E-Mail-Adresse) der betroffenen Personen sowie der Zeitpunkt des Betretens und Verlassens der Einrichtung durch die verantwortliche Person, ohne dass Dritte Kenntnis von den Daten erlangen können.

- Wie dürfen die Daten erhoben werden?

Es ist auf eine Einzelerfassung zu achten; offene Listen sind unzulässig (Die Landesbeauftragte für Datenschutz, Pressemitteilung vom 02.06.2020, verfügbar unter: www.datenschutz.bremen.de).

- Was ist der Zweck der Erhebung?

Zweck ist die Infektionskettenverfolgung. Sofern es zur Infektionskettenverfolgung erforderlich ist, ist das zuständige Gesundheitsamt zum Abruf dieser Daten befugt.

- Aufbewahrung

Die Daten müssen drei Wochen aufbewahrt werden. Nach Ablauf der Aufbewahrungsfrist sind die Kontaktdaten zu löschen. Papierformulare müssen geschreddert werden (Die Landesbeauftragte für Datenschutz, Pressemitteilung vom 02.06.2020, verfügbar unter: www.datenschutz.bremen.de).

- Hinweispflicht und Einverständnis

Der Gast muss darüber informiert werden, was mit seinen Daten passiert, wie diese aufbewahrt und vernichtet werden und dass folgende Rechte bestehen: Recht auf Auskunft/Berichtigung/Löschung und ggf. Beschwerde (Die Landesbeauftragte für Datenschutz, Pressemitteilung vom 02.06.2020, verfügbar unter: www. datenschutz.bremen.de).

Ein Gast darf nur bedient werden, wenn sie oder er mit der Dokumentation einverstanden ist.

Hamburg

In Hamburg gilt die Verordnung zur Eindämmung der Ausbreitung des Coronavirus SARS-CoV-2 in der Freien und Hansestadt Hamburg (Hamburgische SARS-CoV-2-Eindämmungsverordnung). Dreh- und Angelpunkt ist § 7 der Verordnung; auf die Kontaktdatenerhebung wird zudem jeweils gesondert hingewiesen (z. B. in § 15 für Gaststätten).

- Welche Daten müssen erhoben werden?

2

Als Kontaktdaten sind der Name, die Wohnanschrift und eine Telefonnummer zu erfassen, die Kontaktdaten sind unter Angabe des Datums und der Uhrzeit der Eintragung in Textform zu erheben.

- Wie werden die Daten erfasst?

Im Hinblick auf die gängige Praxis (Erfassung in Listen) empfiehlt der Hamburgische Beauftragte für Datenschutz Folgendes: *„Oftmals ist es besser, die Daten zu jedem erfassten Besucher/Kunden auf einem gesonderten Blatt zu führen und danach sicher wegzuschließen, wenn sie nicht elektronisch geführt werden. Alternativ bietet es sich vielfach an, die Daten schon bei der Terminvereinbarung abzufragen. In gastronomischen Einrichtungen kann eine gemeinsame Liste pro Gästegruppe genutzt werden. Diese tragen sich dann alle auf die Liste ein, die auf dem gemeinsam genutzten Tisch liegt, und das Personal entfernt sie, bevor die nachfolgende Gästegruppe den Tisch einnimmt."* (Der Hamburgische Beauftragte für Datenschutz, Datenschutz in Zeiten von COVID-19, verfügbar unter www.datenschutz-hamburg.de) Eine Mustervorlage findet sich auf der Internetseite des Hamburgischen Datenschutzbeauftragten.

Der Gastwirt muss nicht überprüfen, ob die Gästegruppe einem Haushalt angehört (Der Hamburgische Beauftragte für Datenschutz, Datenschutz in Zeiten von COVID-19, verfügbar unter www.datenschutz-hamburg.de).

- Was ist der Zweck der Erhebung?

Zweck ist die behördliche Nachverfolgbarkeit von Infektionsketten; die Kontaktdaten sind der zuständigen Behörde auf Verlangen vorzulegen. Die Verwendung der Kontaktdaten zu anderen als den in dieser Vorschrift genannten Zwecken sowie deren Weitergabe an unbefugte Dritte sind untersagt.

- Aufbewahrung

Die Daten müssen vier Wochen aufbewahrt werden; dabei ist sicherzustellen, dass unbefugte Dritte keine Kenntnis von den Kontaktdaten erlangen können. Die Aufzeichnungen der Kontaktdaten sind nach Ablauf der Aufbewahrungsfrist zu löschen oder zu vernichten.

- Hinweispflicht

Der Gast muss bei Erhebung der Daten entsprechend den Anforderungen an eine datenschutzrechtliche Information gemäß Art. 13 DSGVO in geeigneter Weise informiert werden.

- Umgang mit Verweigerern oder Gästen, die falsche Angaben machen

Die oder der zur Datenerhebung Verpflichtete hat Personen, die die Erhebung ihrer Kontaktdaten verweigern, von dem Besuch oder der Nutzung der Einrichtung, der Gewerberäume, der Geschäftsräume, der Gaststätte, des Beherbergungsbetriebes oder des Ladenlokals oder von der Teilnahme an der Veranstaltung auszuschließen.

Hessen

In Hessen greift die Corona-Kontakt- und Betriebsbeschränkungsverordnung. Hier finden sich Vorgaben für Verantwortliche, deren Gewerbe nicht von einer Schließung betroffen ist.

- Welche Daten müssen erhoben werden?

Name, Anschrift und Telefonnummer der Gäste. Zusätzlich: Ankunftszeit und Zeitpunkt des Verlassens des Lokals (Der Hessische Beauftragte für Datenschutz, Handlungshilfe für Gaststätten zu Corona, Information zur Verarbeitung von personenbezogenen Daten durch Gaststätten im Zusammenhang mit der Corona-Pandemie, verfügbar unter: www.datenschutz.hessen.de).

- Wie werden die Daten erfasst?

Die Listen sollten nicht öffentlich geführt und den Gästen oder Kunden zugänglich sein; in Betracht kommt eine Erfassung durch das Personal oder ein Einzelformular (Der Hessische Beauftragte für Datenschutz, Handlungshilfe für Gaststätten zu Corona, Information zur Verarbeitung von personenbezogenen Daten durch Gaststätten im Zusammenhang mit der Corona-Pandemie, verfügbar unter: www.datenschutz.hessen.de).

- Was ist der Zweck der Erhebung?

Die Daten dürfen ausschließlich zur Ermöglichung der Nachverfolgung von Infektionen von der Betriebsinhaberin oder dem Betriebsinhaber erfasst werden und müssen auf Anforderung an die zuständige Behörde übermittelt werden.

- Beschränkung der Datenschutz-Grundverordnung

Die Bestimmungen der Art. 13, 15, 18 und 20 der Datenschutz-Grundverordnung finden keine Anwendung; die Gäste sind über diese Beschränkungen zu informieren.

2

Gleichwohl gibt der Landesdatenschutzbeauftragte folgenden Hinweis: *„Es empfiehlt sich dennoch, bereits bei der Erhebung der Daten zu kommunizieren, dass die Datenerhebung lediglich zur Erfüllung der gesetzlichen Pflicht erfolgt, eine Herausgabe ausschließlich zur Nachverfolgung einer möglichen Infektion an die zuständigen Behörden erfolgen wird und die Löschung der erhobenen Daten einen Monat später zu erfolgen hat."* (Der Hessische Beauftragte für Datenschutz, Handlungshilfe für Gaststätten zu Corona, Information zur Verarbeitung von personenbezogenen Daten durch Gaststätten im Zusammenhang mit der Corona-Pandemie, verfügbar unter: www.datenschutz.hessen.de)

- Aufbewahrung

Die Daten müssen für die Dauer eines Monats ab Beginn des Besuchs geschützt vor Einsichtnahme durch Dritte aufbewahrt sowie unverzüglich nach Ablauf der Frist sicher und datenschutzkonform gelöscht oder vernichtet werden. Es empfiehlt sich eine auf den Tag genaue Führung der Liste (Der Hessische Beauftragte für Datenschutz, Handlungshilfe für Gaststätten zu Corona, Information zur Verarbeitung von personenbezogenen Daten durch Gaststätten im Zusammenhang mit der Corona-Pandemie, verfügbar unter: www.datenschutz.hessen.de). Insbesondere dürfen die Listen nicht ungeschreddert entsorgt werden (Der Hessische Beauftragte für Datenschutz, Handlungshilfe für Gaststätten zu Corona, Information zur Verarbeitung von personenbezogenen Daten durch Gaststätten im Zusammenhang mit der Corona-Pandemie, verfügbar unter: www.datenschutz.hessen.de).

Mecklenburg-Vorpommern

Hier finden sich Angaben jeweils in den Anlagen zur Verordnung, z. B. Anlage 34 zu § 4 für Beherbergungsstätten, sofern die Einrichtung nicht von einer Schließung betroffen ist.

■ Welche Daten müssen erhoben werden?

In der Gastronomie muss z. B. eine Person pro Gästegruppe in einer Tagesanwesenheitsliste erfasst werden, die die folgenden Angaben enthalten muss: Vor- und Familienname, vollständige Anschrift, Telefonnummer, Tischnummer sowie Datum und Uhrzeit des Besuches der Gaststätte.

Unzulässig ist die Erhebung von Gesundheitsdaten, z. B. die Frage nach Atemwegsproblemen (Der Landesbeauftragte für Datenschutz Mecklenburg-Vorpommern, Pressemitteilung des Landesbeauftragten für Datenschutz und Informationsfreiheit Mecklenburg-Vorpommern, Corona-Listen: Gästedaten nicht offen zugänglich aufbewahren, verfügbar unter: www.datenschutz-mv.de).

■ Wie werden die Daten erfasst?

Es werden Tageslisten geführt. Die Anwesenheitsliste ist so zu führen und zu verwahren, dass die personenbezogenen Daten für Dritte, insbesondere andere Gäste, nicht zugänglich sind.

■ Was ist der Zweck der Erhebung?

Die Listen werden zum Zweck der Nachverfolgung von Infektionen mit SARS-CoV-2 geführt und sind der zuständigen Gesundheitsbehörde auf Verlangen vollständig herauszugeben.

Die zu erhebenden personenbezogenen Daten dürfen zu keinem anderen Zweck, insbesondere nicht zu Werbezwecken, weiterverarbeitet werden.

■ Informationspflichten

Die Informationspflicht nach Art. 13 Datenschutz-Grundverordnung kann durch einen Aushang erfüllt werden.

■ Aufbewahrung

Die jeweiligen Tageslisten sind vom Betreiber oder der Betreiberin für die Dauer von vier Wochen aufzubewahren. Wenn die Liste nicht von der Gesundheitsbehörde angefordert wird, ist die Anwesenheitsliste unverzüglich nach Ablauf der Aufbewahrungsfrist zu vernichten.

Niedersachsen

In Niedersachsen gilt § 5 der Niedersächsischen Corona-Verordnung.

■ Welche Daten müssen erhoben werden?

Erhoben werden dürfen der Familienname, der Vorname, die vollständige Anschrift und eine Telefonnummer (Kontaktdaten) der jeweiligen Person sowie das Erhebungsdatum und die Erhebungsuhrzeit.

■ Wie werden die Daten erfasst?

Hier bieten sich einzelne Erfassungszettel an, die allerdings nicht in offene Körbe geworfen werden dürfen (Die Landesbeauftragte für den Datenschutz Niedersachsen, Datenschutzkonforme Dokumentation zur Umsetzung der Niedersächsischen Verordnung zur Neuordnung der Maßnahmen gegen die Ausbreitung des Corona-Virus SARS-CoV-2, verfügbar unter: lfd.niedersachsen.de).

■ Was ist der Zweck der Erhebung?

Zweck ist eine etwaige Nachvollziehung der Infektionsketten; die Dokumentation ist dem zuständigen Gesundheitsamt auf Verlangen (schriftliche Aufforderung) vorzulegen. Eine Erfassung für Werbezwecke scheidet aus (Die Landesbeauftragte für den Datenschutz Niedersachsen, Datenschutzkonforme Dokumentation zur Umsetzung der Niedersächsischen Verordnung zur Neuordnung der Maßnahmen gegen die Ausbreitung des Corona-Virus SARS-CoV-2, verfügbar unter: lfd.niedersachsen.de).

■ Informationspflichten

Die Informationspflicht nach Art. 13 Datenschutz-Grundverordnung muss erfüllt werden; ein Muster findet sich auf der Internetseite der Landesbeauftragten für Datenschutz (Die Landesbeauftragte für den Datenschutz Niedersachsen, Datenschutzkonforme Dokumentation zur Umsetzung der Niedersächsischen Verordnung zur Neuordnung der Maßnahmen gegen die Ausbreitung des Corona-Virus SARS-CoV-2, verfügbar unter: lfd.niedersachsen.de).

■ Aufbewahrung

Die Kontaktdaten sind für die Dauer von drei Wochen nach dem Ende des jeweiligen Ereignisses aufzubewahren. Spätestens einen Monat nach dem Ende des jeweiligen Ereignisses sind die Kontaktdaten zu löschen.

Die Daten sollten geschreddert werden; liegen diese in digitaler Form vor, sollten zusätzlich Löschtools verwendet werden (Die Landesbeauftragte für den Datenschutz Niedersachsen, Datenschutzkonforme Dokumentation zur Umsetzung der Niedersächsischen Verordnung zur Neuordnung der Maßnahmen gegen die Ausbreitung des Corona-Virus SARS-CoV-2, verfügbar unter: lfd. niedersachsen.de).

- Umgang mit Verweigerern oder Gästen, die falsche Angaben machen

Wird die Erhebung verweigert, darf ein Zutritt nicht gewährt werden.

Soweit gegenüber der oder dem zur Erhebung Verpflichteten Kontaktdaten angegeben werden, müssen sie wahrheitsgemäß sein; bei dienstlichen Tätigkeiten genügen die dienstlichen Kontaktdaten.

Nordrhein-Westfalen

In Nordrhein-Westfalen gilt § 4a der Coronaschutzverordnung, welcher der „Rückverfolgbarkeit" gewidmet ist.

- Welche Daten müssen erhoben werden?

Unter Einholung des **Einverständnisses** dürfen von Gästen, Mietern, Teilnehmern, Besuchern, Kunden, Nutzern, etc. folgende Daten erhoben werden: Name, Adresse, Telefonnummer, Zeiträume des Aufenthalts bzw. Zeitpunkt von An- und Abreise. Zusätzlich muss ggf. ein Sitzplan erstellt und erfasst werden, welche anwesende Person wo gesessen hat.

- Wie werden die Daten erfasst?

Es genügt ausdrücklich eine einfache, auf den Tischen ausliegende Liste (einschließlich Einverständniserklärung zur Datenerhebung) für jede den Tisch nutzende Personengruppe. Wichtig ist, dass mit jedem Gästewechsel ein Austausch der Listen erfolgt (Landesbeauftragter für Datenschutz Nordrhein-Westfalen, Hinweise zur Erfassung von Kundenkontaktdaten zwecks Rückverfolgbarkeit von Infektionsketten in Zusammenhang mit dem Coronavirus SARS-CoV-2, verfügbar unter: www.ldi.nrw.de).

Die personenbezogenen Daten sind nach den geltenden datenschutzrechtlichen Vorschriften zu verarbeiten, insbesondere vor dem Zugriff Unbefugter zu sichern.

Die für die Datenerhebung Verantwortlichen können zusätzlich eine digitale Datenerfassung anbieten, haben dabei aber sämtliche Vorgaben des Datenschutzes (insbesondere bei der Fremdspeicherung von Daten) zu beachten. Personen, die in die digitale Datenerfassung nicht einwilligen, ist in jedem Fall eine nur papiergebundene Datenerfassung anzubieten.

■ Was ist der Zweck der Erhebung?

Zweck ist die Nachvollziehbarkeit von Infektionsketten. Die Daten sind im Bedarfsfall der zuständigen Behörde auf Verlangen kostenfrei in einem von ihr nutzbaren Format – auf Anforderung auch papiergebunden – zur Verfügung zu stellen.

■ Aufbewahrung

Die Daten sind nach Ablauf von vier Wochen vollständig datenschutzkonform zu vernichten.

Rheinland-Pfalz

In Rheinland-Pfalz gilt § 1 Abs. 8 der Corona-Bekämpfungsverordnung, sofern die Verordnung dies bestimmt (so z. B. in § 7 für die Gastronomie und in § 8 für das Beherbergungsgewerbe).

■ Welche Daten müssen erhoben werden?

Kontaktdaten (Name, Vorname, Anschrift, Telefonnummer) sowie Datum und Zeit der Anwesenheit sind von dem Betreiber unter Einhaltung der datenschutzrechtlichen Bestimmungen zu erheben.

■ Wie werden die Daten erfasst?

Jedem Gast sollte ein einzelnes Blatt vorgelegt werden; bei einer Listenerfassung müssen die bereits erfassten Daten verdeckt werden (Der Landesbeauftragte für den Datenschutz Rheinland-Pfalz, FAQs zu verschiedenen Datenschutz-Fragen, die sich im Zusammenhang mit der Corona-Pandemie stellen, verfügbar unter: www.datenschutz.rlp.de).

Bei einer elektronischen Erfassung sollten tagesbezogene Dateien erstellt werden (Der Landesbeauftragte für den Datenschutz Rheinland-Pfalz, FAQs zu verschiedenen Datenschutz-Fragen, die sich im Zusammenhang mit der Corona-Pandemie stellen, verfügbar unter: www.datenschutz.rlp.de).

- **Was ist der Zweck der Erhebung?**

Das zuständige Gesundheitsamt kann, soweit dies zur Erfüllung seiner nach den Bestimmungen des Infektionsschutzgesetzes (IfSG) und dieser Verordnung obliegenden Aufgaben erforderlich ist, Auskunft über die Kontaktdaten verlangen; die Daten sind unverzüglich zu übermitteln. Eine Verarbeitung der Daten zu anderen Zwecken ist nicht zulässig.

2

- **Aufbewahrung**

Die Daten sind für eine Frist von vier Wochen aufzubewahren; nach Ablauf der Aufbewahrungsfrist sind die Daten unverzüglich zu löschen. An das zuständige Gesundheitsamt übermittelte Daten sind von diesem unverzüglich irreversibel zu löschen, sobald die Daten für die Aufgabenerfüllung nicht mehr benötigt werden.

Die Daten müssen sicher (z. B. in einem abschließbaren Schrank) aufbewahrt und nach Ablauf der Frist gelöscht werden: Papiere müssen in einem Aktenvernichter geschreddert werden; bei Dateien ist ein Verschieben in den Papierkorb nicht ausreichend (Der Landesbeauftragte für den Datenschutz Rheinland-Pfalz, FAQs zu verschiedenen Datenschutz-Fragen, die sich im Zusammenhang mit der Corona-Pandemie stellen, verfügbar unter: www.datenschutz.rlp.de).

- **Informationspflichten**

Die Informationspflicht nach Art. 13 Datenschutz-Grundverordnung muss erfüllt werden; auf der Internetseite des Landesdatenschutzbeauftragten findet sich ein entsprechendes Muster (Der Landesbeauftragte für den Datenschutz Rheinland-Pfalz, FAQs zu verschiedenen Datenschutz-Fragen, die sich im Zusammenhang mit der Corona-Pandemie stellen, verfügbar unter: www.datenschutz.rlp.de).

Saarland

Hier gilt § 3 der Verordnung, wonach die Möglichkeit einer Kontaktnachverfolgung gemäß § 28a Abs. 1 und 4 IfSG zu gewährleisten ist. Die Verpflichteten (nebst Ausnahmen) werden in § 3 Abs. 1 benannt.

- **Welche Daten müssen erhoben werden?**

Der Betreiber muss geeignete Maßnahmen zur vollständigen Nachverfolgbarkeit sicherstellen; hierzu gehört die Erfassung je eines Vertreters der anwesenden Haushalte mit Vor- und Familienname,

Wohnort und Erreichbarkeit (Telefon oder E-Mail) und der Ankunftszeit. Eine Verpflichtung zur Überprüfung der Richtigkeit besteht nicht.

- Wie werden die Daten erfasst?

Das Datenschutzzentrum äußert sich hierzu wie folgt: *„In welcher Form diese Pflicht zur Datenverarbeitung umgesetzt wird, bleibt letztlich dem jeweiligen Verantwortlichen überlassen. So könnte beispielsweise – unter Verwendung der regelmäßig vorhandenen Reservierungsbücher – eine schriftliche Notiz bereits im Rahmen der Reservierung erfolgen oder die Gäste beim Eintreffen in dem Betrieb erfasst werden. Sofern bereits Online-Reservierungssysteme gegeben sind, könnten auch über diese die notwendigen Kontaktdaten der Kunden abgefragt werden. Für jeden einsehbare oder unbeaufsichtigt ausliegende Gästelisten bzw. ein Scannen, Kopieren oder Fotografieren von Ausweisdokumenten sind allerdings nicht als datenschutzrechtlich zulässig zu erachten."* (Unabhängiges Datenschutzzentrum Saarland, Verordnung zur Bekämpfung der Corona-Pandemie und verpflichtende Kundendatenverarbeitung, verfügbar unter: www.datenschutz.saarland.de)

Im Falle einer automatisierten Verarbeitung umfassen die Maßnahmen nach Maßgabe von § 3 Abs. 6 Folgendes: Einsatz eines Verschlüsselungsverfahrens, technische Sicherungen gegen ein betriebs- oder veranstaltungsübergreifendes Zusammenführen der Daten, den Einsatz einer automatisierten Löschroutine zur Einhaltung der Fristen.

- Was ist der Zweck der Erhebung?

Die erhobenen Daten dürfen nicht zu einem anderen Zweck als der Aushändigung auf Anforderung an die Gesundheitsämter verwendet werden, d. h. keine Verwendung für Werbezwecke; die Daten müssen auf einem sicheren Weg (z. B. per Post) an das Gesundheitsamt übertragen werden (Unabhängiges Datenschutzzentrum Saarland, Verordnung zur Bekämpfung der Corona-Pandemie und verpflichtende Kundendatenverarbeitung, verfügbar unter: www. datenschutz.saarland.de).

- Aufbewahrung

Die Daten sind nach Ablauf von vier Wochen nach Erhebung gemäß der geltenden Datenschutz-Grundverordnung zu löschen.

- Informationspflichten

Die Informationspflicht nach Art. 13 Datenschutz-Grundverordnung muss erfüllt werden; auf der Internetseite des Datenschutzzentrums findet sich ein entsprechendes Muster (Unabhängiges Datenschutzzentrum Saarland, Verordnung zur Bekämpfung der Corona-Pandemie und verpflichtende Kundendatenverarbeitung, verfügbar unter: www.datenschutz.saarland.de).

2

Sachsen

In Sachsen gilt § 5 Abs. 6 der Coronaschutzverordnung.

- Welche Daten müssen erhoben werden?

Erhoben werden dürfen Name, Telefonnummer oder E-Mail-Adresse und Postleitzahl der Besucher sowie Zeitraum und Ort des Besuchs.

Findet eine digitale Erhebung von Kontaktdaten statt, müssen zusätzlich eine analoge Erhebung von Kontaktdaten der Besucherin oder des Besuchers und eine barrierefreie Datenerhebung ermöglicht werden.

- Wie werden die Daten erfasst?

Es muss sichergestellt werden, dass eine Kenntnisnahme der erfassten Daten durch Unbefugte ausgeschlossen ist.

- Was ist der Zweck der Erhebung?

Alleiniger Zweck zur Erhebung und Aushändigung an die zuständige Behörde ist die Kontaktnachverfolgung.

- Aufbewahrung

Die Daten sind nach Ablauf von vier Wochen nach Erhebung zu löschen.

Sachsen-Anhalt

- Welche Daten müssen erhoben werden?

Vor- und Familienname, vollständige Anschrift und Telefonnummer, Tischnummer, Zeitraum und Ort des Aufenthalts.

- Wie werden die Daten erfasst?

Die Daten werden bei Betreten in einer Anwesenheitsliste erfasst. Zur Einhaltung des Datenschutzes ist die Liste so zu gestalten, dass die Kunden oder Gäste keine Kenntnis von den persönlichen Daten anderer Kunden oder Gäste erlangen; die Erfassung ist auch durch eine vorherige Reservierung möglich, bei der die genannten Daten, insbesondere alle teilnehmenden Gäste, vollständig aufzunehmen sind (Begründung des Verordnungsgebers).

- Was ist der Zweck der Erhebung?

Im Falle einer Infektion soll so eine schnelle und effektive Kontaktnachverfolgung durch die Gesundheitsämter sichergestellt werden.

- Aufbewahrung

2

Die Anwesenheitsliste ist vom Veranstalter für die Dauer von vier Wochen nach Ende der Veranstaltung aufzubewahren und dem zuständigen Gesundheitsamt auf Verlangen vollständig auszuhändigen, spätestens zwei Monate nach Ende der Veranstaltung sind diese Daten zu löschen.

Schleswig-Holstein

Hier gilt § 4 Abs. 2 der Landesverordnung i. V. m. der jeweiligen Spezialnorm (z. B. § 7 Abs. 1 für Gaststätten). Es wird ausdrücklich auf die Anforderungen des § 28a Abs. 4 IfSG verwiesen.

- Welche Daten müssen erhoben werden?

Erhoben werden dürfen folgende Daten: Erhebungsdatum und -uhrzeit, Vor- und Nachname, Anschrift, sowie, soweit vorhanden, Telefonnummer oder E-Mail-Adresse.

Es ist zu gewährleisten, dass unbefugte Dritte von den erhobenen Daten keine Kenntnis erlangen.

- Wie werden die Daten erfasst?

Die Landesbeauftragte für Datenschutz weist darauf hin, dass auch technische Lösungen riskant sein können (z. B. keine ausreichende Absicherung der Server) und auch beachtet werden muss, dass z. B. nicht jede Person ein Smartphone hat (Unabhängiges Landeszentrum für Datenschutz Schleswig-Holstein, Sonderinformationen zum Datenschutz in der Corona-Krise, verfügbar unter: www.datenschutzzentrum.de).

- Was ist der Zweck der Erhebung?

Die Daten sind auf Verlangen der zuständigen Behörde zu übermitteln, sofern dies zum Zwecke der Nachverfolgung von möglichen

Infektionswegen erforderlich ist. Eine anderweitige Verwendung ist unzulässig.

Eine Verwendung z. B. für Werbezwecke ist unzulässig (Unabhängiges Landeszentrum für Datenschutz Schleswig-Holstein, Sonderinformationen zum Datenschutz in der Corona-Krise, verfügbar unter: www.datenschutzzentrum.de).

■ Aufbewahrung und Löschung

Die Daten sind für einen Zeitraum von vier Wochen aufzubewahren und dann zu vernichten (z. B. können die Daten geschreddert werden).

■ Muss der Gast seine Daten hinterlassen?

Der zur Datenerhebung Verpflichtete hat Personen, die die Erhebung ihrer Kontaktdaten verweigern, von dem Besuch oder der Nutzung der Einrichtung oder der Teilnahme an der Veranstaltung auszuschließen. Soweit gegenüber dem zur Erhebung Verpflichteten Kontaktdaten angegeben werden, müssen sie wahrheitsgemäß sein; bei dienstlichen Tätigkeiten genügen die dienstlichen Kontaktdaten.

■ Informationspflichten

Den Gastwirt trifft beispielsweise auch eine Informationspflicht; die Gäste wiederum haben Auskunftsrechte (Unabhängiges Landeszentrum für Datenschutz Schleswig-Holstein, Sonderinformationen zum Datenschutz in der Corona-Krise, verfügbar unter: www.datenschutzzentrum.de).

Thüringen

Hier gilt § 3 Abs. 4 der Zweiten Thüringer Verordnung über grundlegende Infektionsschutzregeln zur Eindämmung der Ausbreitung des Coronavirus SARS-CoV-2.

■ Welche Daten müssen erhoben werden?

Erhoben werden dürfen folgende Daten: Name und Vorname, Wohnanschrift oder Telefonnummer, Datum, Beginn und Ende der jeweiligen Anwesenheit, sofern es sich um **geschlossene Räume** handelt.

Erforderlich ist ein Schutz vor unberechtigter Kenntnisnahme und dem Zugriff Dritter, insbesondere auch durch andere Gäste oder Besucher,

- Wie werden die Daten erfasst?

Das Auslegen einer fortlaufenden „Liste" zum Eintragen der Kontaktdaten genügt datenschutzrechtlichen Anforderungen (z. B. Rechtsgrundlage, Erforderlichkeit) genauso wenig wie das offene Führen von Büchern mit diesen Daten (Thüringer Landesbeauftragter für den Datenschutz, „Corona-Listen" bitte datenschutzgerecht handhaben, verfügbar unter: www.tlfdi.de). Die Erfassung, Aufbewahrung und Verarbeitung der Kontaktdaten kann auch durch browserbasierte Webanwendungen oder Applikationen erfolgen.

- Was ist der Zweck der Erhebung?

Die Kontaktdaten dürfen ausschließlich zu infektionsschutzrechtlichen Zwecken verarbeitet werden; eine Weiterverarbeitung zu anderen Zwecken, insbesondere zu Werbe- und Vermarktungszwecken, ist unzulässig.

- Aufbewahrung und Löschung

Die Daten sind für die Dauer von vier Wochen aufzubewahren und unverzüglich nach Ablauf der Frist datenschutzgerecht zu löschen oder zu vernichten.

- Muss der Gast seine Daten hinterlassen?

Ohne Angabe der Kontaktdaten darf der Gast oder Besucher nicht bedient werden oder die jeweiligen Veranstaltungen und Einrichtungen nicht in Anspruch nehmen.

- Informationspflichten

Die Informationspflicht nach Art. 13 Datenschutz-Grundverordnung muss erfüllt werden (Thüringer Landesbeauftrager für den Datenschutz, „Corona-Listen" bitte datenschutzgerecht handhaben, verfügbar unter: www.tlfdi.de).

11. Wie können Verstöße sanktioniert werden?

Einführung

Sanktionen sind auf verschiedenen Ebenen denkbar: Zunächst einmal sind Verstöße gegen die Corona-Verordnungen der Länder als Ordnungswidrigkeiten sanktionierbar. Ordnungswidrig handeln können sowohl der Gewerbetreibende (z. B. verbotener Ausschank von Alkohol) als auch der Kunde bzw. Gast (z. B. ein Gast, der falsche Angaben in einer Gästeliste macht).

Darüber hinaus können Gewerbetreibende kraft ihres Hausrechts einem Dritten den Zugang verweigern, wobei zu klären ist, in welchem Verhältnis Hausrecht und Gebote/Verbote in einer Corona-Verordnung stehen.

Eine weitere spannende Frage in diesem Kontext wird erst im nächsten Kapitel geklärt werden: Was kann ein Arbeitgeber arbeitsrechtlich unternehmen, wenn sich seine Mitarbeiter nicht an das Hygienekonzept halten?

Einleitend sollen folgende Fälle Probleme aus der Praxis verdeutlichen:

Fall 1:
Ein Supermarktbetreiber befreit eine gute Kundin von der Maskenpflicht in seinem Laden. Er meint, kraft seines Hausrechts könne er in seinem Laden tun und lassen, was er wolle, dieses Recht stehe über den Vorgaben in der einschlägigen Corona-Verordnung.

Fall 2:
Ein Unternehmer will Dritten den Zutritt zum Betriebsgelände nur erlauben, wenn diese mit einer Fiebermessung einverstanden sind. Ist dies möglich?

Fall 3:
Die Inhaberin einer Modeboutique weigert sich, eine junge Frau zu bedienen, weil sie dieser eine Herkunft aus Asien zuschreibt. Sie attackiert die junge Dame offen mit den Worten:

„Schleich dich, euch haben wir den ganzen Mist doch zu verdanken!" Die Kundin ist entsetzt und fühlt sich diskriminiert.

Fall 4:

Der Inhaber eines Lebensmittelgeschäfts erzählt seiner Frau nach Feierabend ganz stolz, er habe heute hart durchgegriffen: Zunächst habe er einer Mutter mit zwei Grundschulkindern den Zutritt verweigert; wer wolle schon zwei „Virenschleudern" in seinem Laden haben? Wenig später sei eine Dame ohne Maske, aber mit einem ärztlichen Befreiungsattest wegen einer Behinderung in sein Geschäft gekommen. Auch diese habe er kraft seines Hausrechts hinausgeworfen. Ist der Inhaber zu weit gegangen?

2

Allgemeines zum Hausrecht

Das Hausrecht basiert auf dem Grundstückseigentum oder -besitz (§§ 858 ff., 903, 1004 BGB) und gibt dem Inhaber das Recht, i. d. R. frei darüber zu entscheiden, wem er den Zutritt gestatten bzw. verwehren möchte (vgl. z. B. BGH NJW 2020, S. 3382 ff.).

Wie verhält sich das Hausrecht zu den Vorgaben in den Corona-Verordnungen?

Die Verpflichtungen in den Corona-Verordnungen der Länder genießen Vorrang vor dem Hausrecht des jeweiligen Gewerbetreibenden. Dies ergibt sich z. T. ausdrücklich aus dem Wortlaut der Verordnung. In Sachsen-Anhalt z. B. stellt die Verordnung in § 1 diverse Hygieneregeln auf: Bei Zuwiderhandlungen muss der Inhaber unverzügliche Hausverbote aussprechen; diese stehen also nicht frei zur Disposition und der Ladenbesitzer in Fall 1 unterliegt einem Irrtum.

Der Betreiber oder Ladenbesitzer muss folglich dafür sorgen, dass seine Besucher oder Kunden die Vorgaben aus den Verordnungen erfüllen.

Im Falle einer Zuwiderhandlung müssen Hausverbote erteilt werden, die notfalls mithilfe der Polizei durchzusetzen sind.

Das Tragen einer MNB ist darüber hinaus ein zentraler Bestandteil von Hygienekonzepten. Wer dieses Hygienekonzept nicht einhält, weil z. B. das Nicht-Tragen der MNB von Kunden toleriert wird, kann eine Ordnungswidrigkeit begehen (so z. B. geregelt in § 11 Abs. 2 der Verordnung in Sachsen).

Hausrecht und Diskriminierungen

Das Hausrecht darf nicht diskriminierend im Sinne von §§ 1, 19 Allgemeines Gleichbehandlungsgesetz (AGG) ausgeübt werden. Dies ist bei Fall 2 jedenfalls dann nicht gegeben, wenn es sich bei der Fiebermessung um eine generelle Vorgabe für alle vor dem Betreten des Betriebes handelt und sich diese nicht auf spezielle Besucher (z. B. aus Asien) konzentriert (*Fuhlrott*, 2020, S. 107).

Bis Ende November 2020 sind bei der Antidiskriminierungsstelle des Bundes (www.antidiskriminierungsstelle.de) etwa 1500 Beratungsanfragen zu Diskriminierungen im Zusammenhang mit dem Corona-Virus eingegangen. Mal ging es um Diskriminierungen aufgrund der ethnischen Herkunft (Fall 3), aufgrund des Alters (Kinder in Fall 4) oder aufgrund einer Behinderung (die Dame mit dem Attest in Fall 4). In allen Fällen sind bei der Ausübung des Hausrechts die Vorgaben des AGG zu beachten, d. h., eine Benachteiligung z. B. wegen der ethnischen Herkunft, des Alters oder einer Behinderung hat zu unterbleiben. Freilich kann eine unterschiedliche Behandlung zulässig sein, wenn es hierfür einen Rechtfertigungsgrund gibt (z. B. Vermeidung von Gefahren, § 20 AGG). Ein solcher Grund (z. B. ein konkretes Infektionsrisiko) ist in den Fällen 3 und 4 jedenfalls nicht ersichtlich. Im Hinblick auf die Dame mit einer Behinderung in Fall 4 muss beachtet werden, dass die Verordnungsgeber der Länder Menschen, denen das Tragen der MNB aus gesundheitlichen Gründen nicht zumutbar ist, von der Verpflichtung entbinden. Es handelt sich hier um einen insgesamt recht überschaubaren Personenkreis, sodass die Befreiung das Infektionsgeschehen insgesamt nicht erkennbar erhöhen dürfte.

Die Regelungen der Bundesländer

Baden-Württemberg

Hier knüpft zunächst § 6 Abs. 4 der Verordnung an das Hausverbot der zur Datenverarbeitung Verpflichteten an; verweigert ein Gast oder Besucher die Datenerhebung ganz oder teilweise, ist dieser vom Besuch oder der Nutzung der Einrichtung oder der Teilnahme an der Veranstaltung auszuschließen.

Des Weiteren können bestimmte Verstöße als Ordnungswidrigkeit nach Maßgabe von § 19 geahndet werden, z. B.

- wenn eine Einrichtung trotz einer Betriebsuntersagung betrieben wird,
- wenn es zu einem Alkoholausschank im öffentlichen Raum kommt oder
- wenn Arbeitsschutzanforderungen in Betrieben nicht beachtet werden.

Die jeweilige Höhe kann dem Bußgeldkatalog für Ordnungswidrigkeiten nach dem Infektionsschutzgesetz im Zusammenhang mit der CoronaVO in der Fassung vom 17.12.2020 entnommen werden. In dieser Tabelle findet der Adressat sowohl den Bußgeldrahmen als auch den Regelsatz in Euro.

Bayern

Nach Nr. 1.3 des Hygienekonzepts Gastronomie müssen die Betriebe die Notwendigkeit der Einhaltung der Sicherheitsmaßnahmen an ihre Gäste kommunizieren. Gegenüber Gästen, die die Vorschriften nicht einhalten, muss konsequent vom Hausrecht Gebrauch gemacht werden.

Ein detaillierter Katalog mit Ordnungswidrigkeiten findet sich in § 28 der Verordnung. Näheres ergibt sich aus dem Bußgeldkatalog „Corona-Pandemie" vom 17.12.2020.

Berlin

§ 5 Abs. 4 der Verordnung sieht vor, dass Personen, die im Rahmen der Datenerhebung unvollständige oder offensichtlich falsche Angaben machen, der Zutritt oder der weitere Verbleib zu verwehren ist. Mit den Ordnungswidrigkeiten befasst sich § 29 der Verordnung. Zu beachten ist hier der Bußgeldkatalog zur Ahndung von Verstößen im Bereich des Infektionsschutzgesetzes in Verbindung mit der SARS-CoV-2-Infektionsschutzmaßnahmenverordnung in Berlin.

Brandenburg

§ 24 der Verordnung trägt die Überschrift „Bußgeldtatbestände". Näheres findet sich in der Allgemeinen Verwaltungsvorschrift zur Ahndung von Verstößen im Bereich des IfSG.

Bremen

Die Ordnungswidrigkeiten regelt § 23 der Verordnung. Auch in Bremen wurde ergänzend ein Bußgeldkatalog erlassen.

Hamburg

§ 7 Abs. 2 der Verordnung bezieht sich auf das Hausrecht; wenn eine Person die Erhebung ihrer Kontaktdaten verweigert oder offenkundig falsche oder unvollständige Angaben macht, ist sie vom Besuch oder der Nutzung auszuschließen. Der Ordnungswidrigkeitenkatalog findet sich in § 39. Zu beachten ist ferner der Bußgeldkatalog zur SARS-CoV-2-Eindämmungsverordnung vom 23.01.2020.

Hessen

Ordnungswidrigkeiten regelt § 8 der Verordnung. Die Bußgelder können dem auf www.hessen.de veröffentlichten Dokument „Kurz und Kompakt: Corona-Bußgelder" entnommen werden.

Mecklenburg-Vorpommern

In den bereichsspezifischen Anlagen findet sich jeweils der Hinweis, dass Personen auszuschließen sind, die die Erhebung ihrer Kontaktdaten verweigern oder unvollständige oder falsche Angaben machen. Die Ordnungswidrigkeiten werden in § 11 Abs. 2 etwas unübersichtlich aufgelistet. Im Übrigen gilt der Corona-Bußgeldkatalog für Mecklenburg-Vorpommern.

Niedersachsen

Wenn eine besuchende oder teilnehmende Person der Kontaktdatenerhebung oder ihrer Pflicht nicht ordnungsgemäß nachkommt, darf ein Zutritt nicht gewährt werden, § 5 Abs. 1 Satz 12 der Verordnung. In § 19 finden sich die Ordnungswidrigkeiten. Von Bedeutung ist ferner der entsprechende Bußgeldkatalog in Gestalt eines Runderlasses des Niedersächsischen Sozialministeriums.

Nordrhein-Westfalen

Ordnungswidrigkeiten werden nach Maßgabe des § 18 der Verordnung geahndet. Näheres folgt aus dem Bußgeldkatalog zur Corona-Schutzverordnung bzw. aus dem Dokument „Ordnungswidrigkeiten nach IfSG im Zusammenhang mit der Corona-Schutzverordnung".

Rheinland-Pfalz

Nach § 1 Abs. 8 der Verordnung sind Personen, die die Erhebung ihrer Kontaktdaten verweigern oder offenkundig falsche oder unvollständige Angaben machen, von dem Besuch oder der Nutzung der Einrichtung oder von der Teilnahme an der Ansammlung oder Zusammenkunft durch den Betreiber der Einrichtung oder Veranlasser der Ansammlung oder sonstigen Zusammenkunft auszuschließen. Sehr ausführliche Bußgeldbestimmungen ergeben sich aus § 24. Der Bußgeldkatalog findet sich in den „Auslegungshinweisen für die Bemessung der Geldbuße nach § 24 der Corona-Bekämpfungsverordnung".

2

Saarland

Mit den Ordnungswidrigkeiten befasst sich § 5 der Verordnung, ergänzt durch den ab dem 11.01.2021 gültigen Bußgeldkatalog.

Sachsen

Ordnungswidrigkeiten folgen aus § 11 Abs. 2 der Verordnung. Ferner muss der Bußgeldkatalog zur Ahndung von Verstößen im Bereich des Infektionsschutzgesetzes (IfSG) i. V. m. der Sächsischen Corona-Schutz-Verordnung vom 11.12.2020 in der durch Änderungsverordnung geänderten Fassung vom 14.12.2020 beachtet werden.

Sachsen-Anhalt

Bei Zuwiderhandlungen gegen die Hygienevorgaben in § 1 der Verordnung sind Hausverbote zu erteilen. Ordnungswidrigkeiten können § 14 entnommen werden. Ferner gilt der Bußgeldkatalog zur Corona-Epidemie in Sachsen-Anhalt.

Schleswig-Holstein

Die oder der zur Datenerhebung Verpflichtete hat Personen, die die Erhebung ihrer Kontaktdaten verweigern, von dem Besuch oder der Nutzung der Einrichtung oder der Teilnahme an der Veranstaltung auszuschließen, § 4 Abs. 2 der Verordnung. Ordnungswidrigkeiten folgen aus § 21. Ferner greift der Bußgeldkatalog für Verstöße gegen die Corona-Regelungen.

Thüringen

Ohne Angabe der Kontaktdaten darf ein Gast oder Besucher weder bedient werden noch die jeweilige Veranstaltung und Einrichtung in Anspruch nehmen, § 3 Abs. 4 der 2. Thüringer Verordnung zur Eindämmung des Coronavirus; die Ordnungswidrigkeiten ergeben sich aus § 14. Näheres folgt aus dem Thüringer Bußgeldkatalog Coronavirus zur Ahndung von Ordnungswidrigkeiten.

Arbeitsrecht in der Corona-Pandemie

3

1. Zahlreiche Herausforderungen

Die COVID-19-Krise wirft zahlreiche arbeitsrechtliche Fragen auf, sei es zum Lohnrisiko, zur Kurzarbeit oder zum Recht auf Home-Office. Jeder hat dabei sein Päckchen zu tragen: Der Arbeitgeber leidet an den finanziellen Folgen und fürchtet um seine Existenz; der Arbeitnehmer hat weniger (Kurzarbeiter-)Geld im Portemonnaie und fühlt sich im Betrieb nicht ausreichend vor dem Virus geschützt. Es bestehen also mannigfaltige Schwierigkeiten. Nachfolgend wird auf wesentliche Fragen eingegangen.

3 ## 2. Fragen rund um die Entgeltfortzahlung

Wirtschafts-, Wege- und Betriebsrisiko

Angenommen, der Arbeitnehmer könnte seine Arbeitsleistung erbringen, der Arbeitgeber hat für diese aber keine Verwendung mehr, weil in seinem Betrieb coronabedingt die Absätze eingebrochen sind: Dann trägt der Arbeitgeber nach § 615 Satz 1 BGB das entsprechende Wirtschaftsrisiko, d. h., es handelt sich um einen Fall des Gläubigerverzugs und der Arbeitnehmer muss entlohnt werden.

Was kann der Arbeitgeber tun, um dies zu kompensieren?

- Überstunden könnten abgebaut werden,
- Urlaub oder Betriebsferien könnten angeordnet werden,
- Kurzarbeit kommt in Betracht (*Menke/Matheja*, Rn. 5 ff.).

Ein sehr vorsichtiger Arbeitgeber kann Mitarbeiter auch freistellen, gerät aber auch dann in den Annahmeverzug, § 615 Satz 1 BGB (*Weller/Lieberknecht/Habrich*, 2020, S. 1019).

Demgegenüber trifft das Wegerisiko den Arbeitnehmer: Wenn dieser z. B. in Frankreich wohnt und wegen einer Grenzschließung nicht bei seinem deutschen Arbeitgeber erscheinen kann, entfällt zwar seine Leistungspflicht (nach § 275 Abs. 1 BGB), er büßt aber auch den Lohnanspruch ein (§ 326 Abs. 1 BGB (*Hohenstatt/Sittard*, 2020, S. 9)).

> **Fall 5:**
>
> Frau Schneider betreibt im Dezember 2020 einen kleinen Friseursalon mit zwei Beschäftigten. Frau Schneider hält sich penibel an alle Hygienevorgaben und ihre Mitarbeiterinnen

sind arbeitswillig. Dann untersagt der Staat den Betrieb aller Friseursalons im Lande. Wer trägt das Risiko?

Nach § 615 Satz 3 BGB hat der Arbeitgeber das Risiko des Arbeitsausfalls zu tragen, wenn die Störung seiner betrieblichen Sphäre entstammt. Dies gilt auch für den Fall einer Betriebsschließung, sogar dann, wenn es sich um eine landesweite Anordnung handelt, was indes kritisch zu sehen ist (dazu *Hohenstatt/Sittard*, 2020, S. 9). Jedenfalls hat das LG Heilbronn (LG Heilbronn, Urt. v. 29.04.2020 – Az. I 4 O 82/20) entschieden, dass eine Friseurin keinen Entschädigungsanspruch gegen den Staat wegen einer Betriebsschließung hat. Die fehlende Entschädigungsregelung im IfSG wird jedenfalls zu Recht kritisiert (Eibenstein, 2020a, S. 863).

3

Leistungshindernisse auf der Seite des Arbeitnehmers

Hier sind viele Fälle denkbar:

- Der Arbeitnehmer wird nach der Rückkehr aus einem Risikogebiet unter Quarantäne gestellt oder

- er kann nicht arbeiten, weil er sich um sein Kind kümmern muss, das von einer Kitaschließung betroffen ist.

- Sollte der Arbeitnehmer am Virus erkrankt sein, ergibt sich sein Anspruch auf Entgeltfortzahlung im Krankheitsfall aus § 3 EFZG.

Spannend ist, wie der Fall zu behandeln ist, dass Erkrankung und Quarantäneanordnung zusammenfallen: Wie ist das Verhältnis zwischen § 56 IfSG (der einen Entschädigungsanspruch bei Quarantäne vorsieht) und § 3 EFZG? Erkrankte sollten indes nicht unter § 56 IfSG fallen, denn diese beziehen bereits eine Entgeltfortzahlung nach dem EFZG, sodass kein Bedarf für den (subsidiär) geltenden § 56 IfSG besteht (dazu *Hohenstatt/Sittard*, 2020, S. 10).

Im Falle einer Kinderbetreuung greift § 56 Abs. 1a IfSG, wonach allerdings Hürden zu überwinden sind; der Arbeitnehmer muss infolge der Schul- oder Kitaschließung einen Verdienstausfall erleiden, ohne dass eine anderweitige zumutbare Betreuungsmöglichkeit besteht.

Interessant ist darüber hinaus folgender Fall.

Fall 6:

Frau Müller arbeitet in einem Großraumbüro. Sie hat große Angst vor einer Infektion, da einige ihrer Kollegen seit ein paar Tagen verdächtig niesen und husten. Frau Müller möchte wissen, ob sie dennoch ins Büro gehen muss.

Ein Leistungsverweigerungsrecht kann sich hier aus § 275 Abs. 3 BGB ergeben. Entscheidend ist, ob es Frau Müller am Ende einer Interessenabwägung zugemutet werden kann, am Arbeitsplatz zu erscheinen. Dies wird hier zu bejahen sein, solange es keine stichhaltigen Hinweise für eine Gesundheitsgefährdung gibt. Im Übrigen würde Frau Müller ihren Lohnanspruch einbüßen und sich (mindestens) der Gefahr einer Abmahnung aussetzen (*Müller/Becker*, 2020, S. 126).

3. Erhöhung oder Reduzierung der Arbeitszeit

Erhöhung

In Pandemiezeiten kann eine Erhöhung der Arbeitszeit in Betracht kommen.

- Einerseits ist es denkbar, dass Krankheitsausfälle kompensiert werden müssen,

- andererseits gibt es Unternehmen (z. B. Hersteller von Masken oder Desinfektionsmitteln), die auf volle Auftragsbücher reagieren müssen.

Der Arbeitgeber kann hier Überstunden kraft seines Direktionsrechts nach § 106 GewO anordnen, freilich stecken Arbeits- oder Tarifverträge den Rahmen ab. Zu beachten sind stets die Vorgaben des ArbZG. Darüber hinaus können Leiharbeitnehmer oder befristet Eingestellte zum Einsatz kommen (dazu *Fuhlrott*, 2020, 109 f.).

Kurzarbeit

Der Gesetzgeber hat zügig auf die Corona-Pandemie reagiert und im März 2020 das Gesetz zur befristeten krisenbedingten Verbesserung der Regelungen für das Kurzarbeitergeld erlassen. Mit dem Gesetz zur Beschäftigungssicherung infolge der COVID-19-Pandemie vom 03.12.2020 wurde beschlossen, die Sonderregelungen zum Kurzarbeitergeld bis Ende 2021 zu verlängern. Geregelt ist die Kurzarbeit in den §§ 95 ff. SGB III. Pandemiebedingte Sonderregelungen sind u. a.:

- Sollte ein Betrieb bis zum 31.03.2021 mit Kurzarbeit begonnen haben, genügt es weiterhin, wenn mindestens 10 Prozent seiner Beschäftigten vom Arbeitsausfall betroffen sind.

- Es ist weiterhin nicht erforderlich, dass Beschäftigte Minusstunden aufbauen, bevor Kurzarbeitergeld gezahlt werden kann.

- Auch Leiharbeitnehmer können Kurzarbeitergeld erhalten.

- Erstattung von Sozialversicherungsbeiträgen erfolgt.

Wichtig ist insbesondere, dass der Arbeitgeber die Kurzarbeit nicht einseitig kraft seines Direktionsrechts einführen kann, vielmehr bedarf es einer Rechtsgrundlage, z. B. in einem Tarifvertrag, einem Arbeitsvertrag oder einer Betriebsvereinbarung (*Schmeisser/Fauth*, 2020, S. 365).

3

Sodann müssen die Voraussetzungen der §§ 95 ff. SGB III erfüllt werden; insbesondere ist nach Maßgabe von § 96 SGB III sorgfältig zu prüfen, ob es an der Unvermeidbarkeit des Arbeitsausfalls fehlt, weil der Arbeitgeber Urlaub gewähren kann oder ein Überstundenabbau denkbar ist.

Der Betrieb muss sowohl bei der Anzeige des Arbeitsausfalls als auch bei Antragstellung und Abwicklung sehr gewissenhaft vorgehen, denn andernfalls besteht die Gefahr, dass Kurzarbeitergeld nicht erstattet oder zurückgefordert wird (dazu *Hohenstatt/Sittard*, 2020, S. 15).

4. Besondere Arbeitnehmer- und Arbeitgeberpflichten während der Pandemie

Im zweiten Kapitel wurde gezeigt: Hygienekonzepte in Betrieben sind ein wichtiges Puzzleteil bei der Bekämpfung der Pandemie. Aktuell im Januar 2021 richten viele den Blick auf die Wirtschaft und sind besorgt, wenn nicht gar verärgert; hier schlägt der Staat Alarm, wenn Familien das traumhafte Wetter in der Natur verbringen wollen (freilich leider oft unter Missachtung der Abstandsregeln) und dort fahren Berufstätige dicht an dicht täglich mit dem ÖPNV zur Arbeit, um dann in Großraumbüros zu sitzen. Gewiss, die Maske wird fleißig bis an den Arbeitsplatz getragen und dort, der Abstand ist ja groß genug, abgenommen. Inzwischen gibt es indes zahlreiche Studien, die belegen, wie hoch das Ansteckungsrisiko in geschlossenen Räumen ist und dass hierbei Aerosole, die lange in der Luft bleiben und sich nahezu im ganzen Raum verteilen, eine zentrale Rolle spielen (dazu *Lelieveld et al.*, 2020).

Nähere Hinweise sind zu finden auf der Internetseite des Max-Planck-Instituts für Chemie. Dort lässt sich mithilfe einer Eingabemaske das Infektionsrisiko in geschlossenen Räumen für bestimmte Szenarien errechnen (verfügbar unter: www.mpic.de). Es wird sich zeigen, ob die Pandemie gebändigt werden kann, wenn die Ansteckungsgefahr in Betrieben (und vor allem auch in Schulen) von manchem Entscheidungsträger weiterhin ignoriert wird, frei nach dem Motto: Es kann nicht sein, was nicht sein darf.

3

Arbeitnehmerpflichten

Selbst das ausgeklügeltste Hygienekonzept nützt nichts, wenn es von Teilen der Belegschaft missachtet wird.

- Mancher trägt vielleicht keine Maske,
- andere kommen sich in der Teeküche bedenklich nahe oder
- schütteln sich nach wie vor eifrig die Hände.

Diese Regelbrüche können auf einer bloßen Unachtsamkeit beruhen, schlimmstenfalls hat es das Unternehmen jedoch mit notorischen Corona-Leugnern zu tun. Die Arbeitnehmer verstoßen dann gegen ihre arbeitsvertragliche Rücksichtnahmepflicht aus § 241 Abs. 2 BGB (*Halbhuber*, 2020, S. 169). Diese wird präzisiert durch § 15 Abs. 1 ArbSchG, wonach die Beschäftigten verpflichtet sind, nach ihren Möglichkeiten sowie gemäß der Unterweisung und Weisung des Arbeitgebers für ihre Sicherheit und Gesundheit bei der Arbeit Sorge zu tragen; folglich muss auch das Hygienekonzept des Arbeitgebers befolgt werden.

Wie kann der Arbeitgeber Verstöße ahnden?

Hier sind folgende Fragen zu beantworten:

- Wie schwer wiegt die Verfehlung und
- wer hat sich falsch verhalten?

Ein ansonsten korrekter Mitarbeiter, dem ein Ausrutscher passiert ist, oder ein unbelehrbarer „Corona-Leugner"? Dementsprechend steht dem Arbeitgeber die ganze Bandbreite zur Verfügung, von der Ermahnung über die Abmahnung bis hin zur ordentlichen oder außerordentlichen Kündigung (*Halbhuber*, 2020, S. 170).

Fürsorgepflicht des Arbeitgebers

Die Fürsorgepflicht des Arbeitgebers ergibt sich aus §§ 611a, 618, 241 Abs. 2 BGB (*Fuhlrott*, 2020, S. 107). Sie wird darüber hinaus öffentlich-rechtlich bestimmt durch § 3 ArbSchG. Hiernach ist der Arbeitgeber verpflichtet,

- die erforderlichen Maßnahmen des Arbeitsschutzes
- unter Berücksichtigung der Umstände zu treffen,
- die Sicherheit und Gesundheit der Beschäftigten bei der Arbeit beeinflussen.

Insbesondere ist nach § 5 ArbSchG erforderlich, dass der Arbeitgeber durch eine Beurteilung der für die Beschäftigten mit ihrer Arbeit verbundenen Gefährdung ermitteln muss, welche Maßnahmen des Arbeitsschutzes erforderlich sind. Eine entsprechende Konkretisierung findet sich in der SARS-CoV-2-Arbeitsschutzregel, die unter Koordination der Bundesanstalt für Arbeitsschutz und Arbeitsmedizin gemeinsam von den Arbeitsausschüssen beim Bundesministerium für Arbeit und Soziales erstellt wurde (GMBl 2020 S. 484–495, Nr. 24/2020 v. 20.08.2020). In dieser Arbeitsschutzregel heißt es, bei Einhaltung dieser Konkretisierungen des Arbeitsschutzgesetzes könne ein Arbeitgeber davon ausgehen, dass die Anforderungen aus den Verordnungen erfüllt seien. Hier finden sich u. a. Vorgaben zu folgenden Maßnahmen:

- Mund-Nasen-Bedeckung
- Abstand
- Lüftung
- Besprechungen
- Umgang mit besonders schutzwürdigen Beschäftigten

(eingehend dazu *Sander/Hilberg/Bings*, 2020, S. 347).

Ende Januar hat das Bundesministerium für Arbeit und Soziales die SARS-CoV-2-Arbeitsschutzverordnung erlassen, welche zunächst bis zum 15.03.2021 gilt. Die Verordnung führt verschärfte Maßnahmen zur Kontaktreduktion im Betrieb ein (§ 2). Des Weiteren sieht § 3 Vorgaben im Hinblick auf den Mund-Nasen-Schutz vor. Regelungen des bisherigen Arbeitsschutzrechts bleiben von der Verordnung unberührt.

Was gilt, wenn der Arbeitgeber gegen seine Fürsorgepflicht verstößt?

Dies kann dazu führen, dass der Arbeitnehmer nach § 273 Abs. 1 BGB berechtigt ist, nicht mehr weiterzuarbeiten, ohne dass er dadurch seinen Vergütungsanspruch verliert (*Menke/Matheja*, 2020, Rn. 109). Darüber hinaus kann der Verstoß sowohl eine vertragliche als auch eine deliktische Haftung des Arbeitgebers auslösen, sofern der Arbeitnehmer erkrankt und Schäden davonträgt (*Sander/Hilberg/Bings*, 2020, S. 353). Schließlich sind einerseits strafrechtliche Folgen denkbar (z. B. eine fahrlässige Körperverletzung, § 229 StGB, oder gar eine fahrlässige Tötung, § 222 StGB), und andererseits können die Verstöße als Ordnungswidrigkeit sanktioniert werden (*Hohenstatt/Sittard*, 2020, S. 31).

5. Gibt es pandemiebedingt ein Recht auf Home-Office?

Im Bund-Länder-Beschluss vom 05.01.2021 heißt es wie folgt:

„Arbeitgeberinnen und Arbeitgeber werden dringend gebeten, großzügige Home-Office-Möglichkeiten zu schaffen, um bundesweit den Grundsatz ‚Wir bleiben zuhause' umsetzen zu können" (Ziffer 4 des Beschlusses).

Ist ein bloßer Appell nicht viel zu lasch, wenn man sich vor Augen hält, dass Home-Office ein wichtiges Instrument ist, um Kontakte zu reduzieren? Nach einer aktuellen Studie haben im April 2020 27 Prozent der Beschäftigten im Home-Office gearbeitet, im November 2020 indes nur 14 Prozent (Hans-Böckler-Stiftung, verfügbar unter: www.boeckler.de). Der Trend ist rückläufig und es wird sich zeigen, ob die Bitte aus dem Bund-Länder-Beschluss Gehör findet.

Was bleibt, ist der verständliche Wunsch vieler Arbeitnehmer, aus Furcht vor dem Virus ins Home-Office zu wechseln oder dort zu bleiben. Einen entsprechenden gesetzlichen Anspruch gibt es aber nicht. Der Arbeitnehmer kann dies jedoch mit dem Arbeitgeber vereinbaren; mitunter lässt sich das Recht auch aus einem Tarifvertrag oder aus einer Betriebsvereinbarung entnehmen. Gleichwohl findet sich Folgendes im SARS-CoV-2-Arbeitsschutzstandard (Bundesministerium für Arbeit und Soziales vom 16.04.2020):

 „Büroarbeit ist nach Möglichkeit im Homeoffice auszuführen. Andernfalls sind für Büroarbeitsplätze die freien Raumkapazitäten so zu nutzen und die Arbeit so zu organisieren, dass Mehrfachbelegungen von Räumen vermieden werden können bzw. ausreichende Schutzabstände gegeben sind."

Dieser Passus, kombiniert mit der Fürsorgepflicht des Arbeitgebers, kann dennoch den Weg hin zu einem durchsetzbaren Anspruch ebnen (*Bertram/Falder/Walk*, 2020, S. 12). Nach § 87 Abs. 1 Nr. 7 BetrVG hat der Betriebsrat ein Mitbestimmungsrecht, wenn es um die Verhütung von Arbeitsunfällen, Berufskrankheiten sowie um den Gesundheitsschutz geht. Vor diesem Hintergrund ist denkbar, dass Betriebsräte das Home-Office für bestimmte Mitarbeiter notfalls über die Einigungsstelle erzwingen (*Bertram/Falder/Walk*, 2020, S. 13). Ende Januar hat die Diskussion zusätzlich an Dynamik gewonnen: Nach § 2 Abs. 4 der SARS-CoV-2-Arbeitsschutzverordnung hat der Arbeitgeber den Beschäftigten im Fall von Büroarbeit oder vergleichbaren Tätigkeiten anzubieten, diese Tätigkeiten in deren Wohnung auszuführen. Dies gilt freilich nicht, wenn zwingende betriebsbedingte Gründe entgegenstehen. Aus der Begründung zur Verordnung ergibt sich u. a. Folgendes: für die Beschäftigten besteht keine Pflicht, das Angebot anzunehmen oder umzusetzen. Darüber hinaus ist mit dieser Regelung auch kein subjektives Klagerecht der Beschäftigten verbunden. Ungeachtet dessen, ist aktuell ein „Mobile-Arbeit-Gesetz" in der Entstehung. Allerdings ist fraglich, ob es nach diesem Gesetz einen Anspruch auf mobile Arbeit geben wird.

6. Kündigungen in Zeiten von Corona

Je länger die Pandemie Betriebe im Griff hat, desto mehr Unternehmen werden in der Kündigung von Arbeitnehmern den letzten Ausweg sehen. Auch in Zeiten der Pandemie bleibt es dabei: Die Kündigung muss **schriftlich** sein (§ 623 BGB), sodass der Unternehmer nicht aus dem Home-Office heraus einfach per E-Mail kündigen kann (*Menke/Matheja*, 2020, Rn. 85). Sollte dies nicht möglich sein, etwa weil sich der Arbeitgeber in Quarantäne befindet, kommt ein Vertreter in Betracht (*Menke/Matheja*, 2020, Rn. 89). Problematisch kann sich ferner der Zugang der Kündigung gestalten. So muss

z. B. bei einem Einschreiben damit gerechnet werden, dass die Post die üblichen Zustellungszeiten nicht einhalten kann; wer einem Arbeitnehmer im Home-Office kündigen möchte, sollte diesen aufsuchen und den Vorgang quittieren lassen oder unter Zeugen ein Übergabe- bzw. Einwurfsprotokoll anfertigen; alles freilich unter Einhaltung der Hygieneregeln (*Hohenstatt/Sittard*, 2020, S. 38 f.).

Mit einer außerordentlichen Kündigung kann z. B. einem „Corona-Leugner" begegnet werden, der **uneinsichtig Hygienevorgaben ignoriert**. Sicherheitshalber sollte hier zugleich ordentlich gekündigt werden. Im Rahmen einer ordentlichen Kündigung ist während der Pandemie vor allem an dringende betriebliche Erfordernisse zu denken, § 1 Abs. 2, 3 KSchG. Denkbar ist, dass Umsätze und Absätze sinken und sich die Auftragslage verschlechtert. Als Worst-Case-Szenario erscheint die (vorübergehende oder dauerhafte) Betriebsschließung (*Menke/Matheja*, 2020, Rn. 98ff.).

Darüber hinaus sind Kündigungen auch **während der Kurzarbeit** möglich, und zwar unter der Prämisse, dass der Kündigungsgrund über diejenigen Gründe hinausgeht, die bereits die Einführung der Kurzarbeit veranlasst haben (*Benkert*, 2020, S. 691).

Ausgewählte Probleme im Vertrags- und Veranstaltungsrecht

4

1. Fallgestaltungen

Die Pandemie wirkt sich auch auf Verträge aus.

- So kann sich eine Leistung coronabedingt verzögern oder
- eine Leistung kann unmöglich werden.

Auch kann die Krise zu einer Störung der Geschäftsgrundlage führen (§ 313 BGB).

Der Gesetzgeber hat für bestimmte Aspekte Abmilderungsgesetze erlassen, die jedoch nur Teilbereiche erfassen und zeitlich befristet sind (*Lorenz*, 2020, § 1 Rn. 1). Das Gesetz zur Abmilderung der Folgen der COVID-19-Pandemie im Zivil-, Insolvenz- und Strafverfahrensrecht vom 27.03.2020 (BGBl. I S. 569) sieht u. a. ein Leistungsverweigerungsrecht in Dauerschuldverhältnissen vor. Darüber hinaus gibt es ein Gesetz zur Abmilderung der Pandemiefolgen im Veranstaltungsvertragsrecht (BGBl. 2020 I S. 948). Im folgenden Kapitel liegt der Schwerpunkt auf Fragestellungen rund um das Leistungsstörungsrecht.

4

2. Grundbegriffe

Im Leistungsstörungsrecht tauchen u. a. immer wieder folgende Begriffe auf:

- Leistung
- Gegenleistung
- Schuldner
- Gläubiger

> **Fall 7:**
> Angenommen, ein Lieferant hat einem italienischen Gastwirt einen Kaffeevollautomaten für 12.000 Euro verkauft. Bei dem Kaffeevollautomaten handelt es sich um die *Leistung* und bei den 12.000 Euro Kaufpreis um die *Gegenleistung*.

Wer ist Schuldner und wer ist Gläubiger?

Das hängt davon ab, ob die Leistung oder die Gegenleistung betrachtet wird. Beim Kaffeevollautomaten ist der Gastwirt der Gläubiger und der Lieferant der Schuldner. Bei der Gegenleistung, d. h.

dem Kaufpreis, ist der Lieferant der Gläubiger und der Gastwirt der Schuldner. Die Leistung kann dem Lieferanten unmöglich werden, § 275 BGB. Sollte das Unternehmen des Lieferanten von einer Betriebsschließung betroffen sein, ist diesem die Lieferung des Kaffeevollautomaten (zumindest vorübergehend) unmöglich. Wichtig ist indes, dass des Gastwirts Zahlungspflicht nicht unmöglich werden kann, auch dann nicht, wenn ihn die Pandemie finanziell in die Knie gezwungen hat (*Mann/Schenn/Baisch*, 2020, S. 20). Neben der Unmöglichkeit ist der Verzug eine weitere Leistungsstörung.

Hier gibt es sowohl den

- Schuldnerverzug als auch den

- Annahme- bzw. Gläubigerverzug.

Zurück zum Ausgangsbeispiel: Wurde für die Lieferung des Kaffeevollautomaten eine Zeit nach dem Kalender bestimmt und kann der Lieferant den Termin nicht einhalten, dann liegt ein Schuldnerverzug vor. Sollte der Gastwirt die Annahme mit der Begründung verweigern, er habe während des Lockdowns keine Verwendung mehr für das Gerät, handelt es sich um einen Gläubigerverzug. Bei der Gegenleistung kehren sich die Dinge dann wieder um, denn hier ist ja der Gastwirt der Schuldner und der Lieferant der Gläubiger, d. h., sollte der Gastwirt die Zahlungsfrist laut Rechnung verstreichen lassen, dann befindet er sich im Schuldnerverzug.

3. Unmöglichkeit der Leistung

Unmöglichkeit nach § 275 Abs. 1 BGB

Nach § 275 Abs. 1 BGB ist der Anspruch auf Leistung ausgeschlossen, soweit diese für den Schuldner (sog. subjektive Unmöglichkeit) oder für jedermann (sog. objektive Unmöglichkeit) unmöglich wird. Hier sind zunächst die absoluten Fixgeschäfte von Bedeutung; diese stehen und fallen mit der Einhaltung einer bestimmten Leistungszeit (*Lorenz*, 2020, § 1 Rn. 21).

Bleiben wir bei dem italienischen Gastwirt: Sollte im Jahre 2019 ein Paar für Anfang April 2020 eine Hochzeitsreservierung getätigt haben, liegt ein Fall der Unmöglichkeit vor, denn der Gastwirt darf die Veranstaltung nicht ausrichten.

Könnte z. B. ein Bäcker wegen der COVID-19-Erkrankung seines Fahrers am 19.08.2020 ein Hotel nicht mit Backwaren beliefern, liegt eine endgültige Unmöglichkeit vor. Es handelt sich auch hier um eine absolute Fixschuld, die nicht einfach am 20.08.2020 nachgeholt werden kann (*Mann/Schenn/Baisch*, 2020, S. 19).

Was ist jeweils mit der Gegenleistung?

Fraglich ist, ob die Leistung dennoch bezahlt werden muss. Das Schicksal der Gegenleistung ist in § 326 BGB geregelt und hängt grundsätzlich davon ab, wer die Unmöglichkeit zu vertreten hat: der Schuldner? Der Gläubiger? Keiner von beiden, z. B. wegen „höherer Gewalt"? Beide gemeinsam? Von wenigen Ausnahmen abgesehen gilt hier indes der Grundsatz „ohne Leistung gibt es auch keine Gegenleistung".

Unmöglichkeit nach § 275 Abs. 2 BGB

4 In manchen Fällen mag eine Leistungserbringung theoretisch möglich sein, wirtschaftlich betrachtet aber keinen Sinn ergeben. § 275 Abs. 2 BGB nimmt eine entsprechende Abwägung vor; besteht ein grobes Missverhältnis zwischen dem Aufwand der Leistungserbringung und dem Interesse des Gläubigers an der Leistung, kann der Schuldner die Leistung verweigern.

> **Beispiel**
>
> Dazu ein Beispiel: Ein Konzert wird genehmigt, der Betreiber muss aber strenge Hygienevorgaben erfüllen, u. a. verlangt die Behörde, dass bei jedem Besucher vorher ein Schnelltest durchgeführt wird.

Hier sind die Kosten für den Veranstalter so hoch, dass eine Durchführung wirtschaftlich sinnlos wäre (*Mann/Schenn/Baisch*, 2020, S. 24 f.).

Unmöglichkeit nach § 275 Abs. 3 BGB

Diese Variante wurde in Kapitel 3 bereits erklärt, man denke an den alleinerziehenden Vater, der nicht zur Arbeit kann, weil er seine Tochter wegen einer Kita-Schließung betreuen muss.

4. Verzug

Verzug des Schuldners einer Sach-, Werk- oder Dienstleistung

Grundsätzlich gilt: kein Verzug ohne Vertretenmüssen, d. h. Verschulden. Hier sind etliche Situationen denkbar, in denen sich der Schuldner zwar im Verzug befindet, ihm indes kein Vorwurf gemacht werden kann:

- Lieferketten können coronabedingt unterbrochen sein,

- die Lieferung verzögert sich wegen einer behördlich angeordneten Betriebsschließung (*Lorenz*, 2020, § 1 Rn. 15).

Anders kann freilich entschieden werden, wenn der Schuldner ein Beschaffungsrisiko übernommen hat, wenngleich dann zweifelhaft ist, ob für atypische Risiken (wie eine Pandemie) gehaftet werden muss (*Mann/Schenn/Baisch*, 2020, S. 33 f.).

Verzug des Gläubigers

Kehren wir erneut zu unserem italienischen Gastwirt zurück. Dieser ist von einer Betriebsschließung betroffen und möchte den Kaffeevollautomaten nicht annehmen, weil er für diesen nun keine Verwendung hat. Der Gastwirt steht hier vor dem Problem, dass der Annahmeverzug kein Vertretenmüssen voraussetzt und ihn die Folgen des Gläubigerverzugs treffen (*Lorenz*, 2020, § 1 Rn. 17).

5. Störung der Geschäftsgrundlage, § 313 BGB

§ 313 BGB setzt eine schwerwiegende Veränderung der Vertragsgrundlage nach Vertragsschluss voraus. Ehe dieses Instrument Anwendung findet, muss geprüft werden, wie sich die vertragliche oder gesetzliche Risikoverteilung darstellt; so trifft bei einem Kaufvertrag z. B. grundsätzlich den Verkäufer das Beschaffungsrisiko. Eine Vertragsanpassung kommt in Betracht, wenn z. B. der Bedarf an einer Leistung wegfällt oder sich deutlich minimiert (dazu *Mann/Schenn/Baisch*, 2020, S. 29 f.). Hierzu ein Beispiel (angelehnt an *Mann/Schenn/Baisch*, 2020, S. 29).

Beispiel

Der italienische Gastwirt hat vor der Pandemie ein Unternehmen damit beauftragt, täglich die Küche, den Gastraum und die Toiletten zu reinigen. Nun darf der Gastwirt pandemiebedingt

> lediglich einen Liefer- und Abholservice anbieten, d. h., sein
> Bedarf an der Reinigung hat sich reduziert.

Hier ist eine Vertragsanpassung dahingehend möglich, dass nur noch die Küche täglich gereinigt wird, die anderen Räumlichkeiten hingegen wöchentlich gesäubert werden.

Auch der Gesetzgeber hat unlängst die Bedeutung dieses Instruments bekräftigt: In der Praxis haben viele Gewerbetreibende Räume angemietet oder gepachtet, können diese aber infolge staatlicher Maßnahmen zur Bekämpfung der Pandemie nicht oder nur mit erheblichen Einschränkungen verwenden. Das „Gesetz zur weiteren Verkürzung des Restschuldbefreiungsverfahrens und zur Anpassung pandemiebedingter Vorschriften im Gesellschafts-, Genossenschafts-, Vereins- und Stiftungsrecht sowie im Miet- und Pachtrecht" hat zum 31.12.2020 den Art. 240 § 7 EGBGB in Kraft gesetzt. Diese Norm gilt für Miet- und Pachtverträge. Führen staatliche Schutzmaßnahmen dazu, dass Grundstücke oder Räume nicht oder nur mit erheblichen Einschränkungen verwendbar sind, so wird vermutet, dass sich nach Vertragsschluss ein Geschäftsgrundlagenumstand nach § 313 BGB schwerwiegend verändert hat. Im Bund-Länder-Beschluss vom 13.12.2020 wurde ausdrücklich betont, dass hierdurch Verhandlungen zwischen Gewerbemietern bzw. Pächtern und Eigentümern vereinfacht werden. Als Rechtsfolgen kommen in Betracht: Reduzierung oder Stundung der Miete, ggf. auch ein Recht auf Kündigung (§ 313 Abs. 3 BGB). Entscheidend sind stets die Umstände des Einzelfalls (dazu Römermann, 2021, 268 ff.): wie hoch sind die Umsatzeinbußen? Hat der Gewerbetreibende staatliche Hilfen erhalten und in welcher Höhe? Flankierend wurde vom Gesetzgeber mit § 44 EGZPO ein Vorrang- und Beschleunigungsgebot eingeführt: Verfahren über die Anpassung der Miete oder Pacht sind vorrangig und beschleunigt zu behandeln; ein früher erster Termin soll spätestens einen Monat nach Zustellung der Klageschrift stattfinden.

6. Gutscheinlösung in der Veranstaltungsbranche

Die Veranstaltungsbranche ist eine der Hauptleidtragenden in der Pandemie und auch Anfang 2021 ist nicht absehbar, wann Konzerte oder sonstige Kultur- und Sportveranstaltungen mit Zuschauern wieder möglich sind. Der Gesetzgeber hat hier das Gesetz zur Abmilderung der Pandemiefolgen im Veranstaltungsvertragsrecht (BGBl. 2020 I S. 948) auf den Weg gebracht. Dieses Gesetz hat dem Art. 240 EGBGB folgenden § 5 beigefügt:

§ 5 Gutschein für Freizeitveranstaltungen und Freizeiteinrichtungen

(1) Wenn eine Musik-, Kultur-, Sport- oder sonstige Freizeitveranstaltung aufgrund der COVID-19-Pandemie nicht stattfinden konnte oder kann, ist der Veranstalter berechtigt, dem Inhaber einer vor dem 8. März 2020 erworbenen Eintrittskarte oder sonstigen Teilnahmeberechtigung anstelle einer Erstattung des Eintrittspreises oder sonstigen Entgelts einen Gutschein zu übergeben. Umfasst eine solche Eintrittskarte oder sonstige Berechtigung die Teilnahme an mehreren Freizeitveranstaltungen und konnte oder kann nur ein Teil dieser Veranstaltungen stattfinden, ist der Veranstalter berechtigt, dem Inhaber einen Gutschein in Höhe des Wertes des nicht genutzten Teils zu übergeben.

(2) Soweit eine Musik-, Kultur-, Sport- oder sonstige Freizeiteinrichtung aufgrund der COVID-19-Pandemie zu schließen war oder ist, ist der Betreiber berechtigt, dem Inhaber einer vor dem 8. März 2020 erworbenen Nutzungsberechtigung anstelle einer Erstattung des Entgelts einen Gutschein zu übergeben.

(3) Der Wert des Gutscheins muss den gesamten Eintrittspreis oder das gesamte sonstige Entgelt einschließlich etwaiger Vorverkaufsgebühren umfassen. Für die Ausstellung und Übersendung des Gutscheins dürfen keine Kosten in Rechnung gestellt werden.

(4) Aus dem Gutschein muss sich ergeben,

1. dass dieser wegen der COVID-19-Pandemie ausgestellt wurde und

2. dass der Inhaber des Gutscheins die Auszahlung des Wertes des Gutscheins unter einer der in Absatz 5 genannten Voraussetzungen verlangen kann.

(5) Der Inhaber eines nach den Absätzen 1 oder 2 ausgestellten Gutscheins kann von dem Veranstalter oder Betreiber die Auszahlung des Wertes des Gutscheins verlangen, wenn

1. der Verweis auf einen Gutschein für ihn angesichts seiner persönlichen Lebensumstände unzumutbar ist oder

2. er den Gutschein bis zum 31. Dezember 2021 nicht eingelöst hat.

Die Gutscheinlösung ist vor dem Hintergrund zu begrüßen, dass die Branche vor Liquiditätsverlusten, die schlimmstenfalls zu Insolvenzen führen, geschützt wird (BT-Drs. 19/18697 vom 21.04.2020, S. 5).

Gleichwohl gibt es einige Kritikpunkte:

- Zunächst ist der logistische Aufwand für die Betreiber zu beachten (*Milsch/Schreiber*, 2021, Rn. 36).

- Ferner steht die Verfassungswidrigkeit der Norm im Raum, wenngleich ein Eingriff in Art. 14 Abs. 1 GG verhältnismäßig ist, denn der Inhaber erhält den Gegenwert seines Tickets als Gutschein und hat unter den Voraussetzungen von Art. 240 § 5 Abs. 5 EGBGB einen Auszahlungsanspruch (*Lorenz*, 2020, § 1 Rn. 36; anders *Eibenstein*, 2020b, S. 249 ff.).

- Zudem ist anzumerken, dass die Norm lediglich eine Stundung bewirkt und die Liquiditätsprobleme zeitlich nach hinten verschiebt (*Milsch/Schreiber*, 2021, Rn. 37).

4

Verzeichnisse

Literatur

Benkert, Betriebsbedingte Kündigungen trotz Kurzarbeit, NJW-Spezial 2020, 690

Bertram/Falder/Walk (2020), Arbeiten im Home Office in Zeiten von Corona, München

Creifelds, Rechtswörterbuch, 23. Auflage, 2019, C.H. Beck, München

Eibenstein (2020a), Die (vertane) Chance des § 28a IfSG, COVuR 2020, 856

Eibenstein (2020b), Verfassungswidrigkeit der „Gutscheinlösung" im Veranstaltungsrecht, COVuR 2020, 249

Frenz, Zweiter Lockdown und Verfassungsrecht, COVuR 2020, 794

Fuhlrott, Arbeitsrechtliche Fragestellungen im Zusammenhang mit der Coronavirus-Epidemie, GWR 2020, 107

Halbhuber, Corona-Hygienekonzept und Arbeitnehmer, die sich nicht daran halten, SPA 2020, 169

Hohenstatt/Sittard, Arbeitsrecht in Zeiten von Corona, 1. Auflage, 2020, C.H. Beck, München

Johann/Gabriel (2020), § 28a IfSG, in: *Eckart/Winkelmüller*, BeckOK Infektionsschutzrecht

Kersten/Rixen, Der Verfassungsstaat in der Corona-Krise, 2020, C.H. Beck, München

Kießling, Stellungnahme als Einzelsachverständige zum Entwurf eines Dritten Gesetzes zum Schutz der Bevölkerung bei einer epidemischen Lage von nationaler Tragweite vom 10.11.2020

Klafki, Stellungnahme als Einzelsachverständige zum Entwurf eines Dritten Gesetzes zum Schutz der Bevölkerung bei einer epidemischen Lage von nationaler Tragweite vom 10.11.2020

Klosa-Kückelhaus, Shutdown, Lockdown und Exit, 2020, IDS, Mannheim

Lelieveld et al., Model Calculations of Aerosol Transmission and Infection Risk of COVID-19 in Indoor Environments, Int. J. Environm. Res. Public Health 2020, 17, 8114

Lorenz, § 1 Allgemeines Leistungsstörungsrecht und Veranstaltungsrecht, in: *Schmidt*, COVID-19, Rechtsfragen zur Corona-Krise, 2. Auflage, 2020, C.H. Beck, München

Lutz, Gesetz zur Verhütung und Bekämpfung von Infektionskrankheiten beim Menschen, 2. Auflage, 2020, München

Mann/Schenn/Baisch, Vertrieb von Waren und Dienstleistungen in Zeiten von Corona, 2020, C.H. Beck, München

Maunz/Dürig (2020), Grundgesetz-Kommentar, München

Menke/Matheja, Teil 8 Arbeitsrecht, in: *Römermann*, Leitfaden für Unternehmen in der Covid-19-Pandemie, 1. Auflage 2020, C.H. Beck, München

Milsch/Schreiber, Teil 3 Ticketing und Sporteventfragen, in: *Fischinger/Orth*, COVID-19 und Sport, 1. Auflage 2021, C.H. Beck, München

Müller/Becker, Pandemiebedingte Leistungshindernisse in der Arbeitsrechtspraxis, COVuR 2020, 126

o. V. (2020a), Corona-Listen datenschutzrechtlich handhaben, ZD-Aktuell 2020, 07172

o. V. (2020b), Corona-Gästedaten, Corona-Haushalt und Corona-Überbrückungshilfen, COVuR 2020, 451

Römermann, Mietrechtliche „Blitzgesetzgebung" in Pandemiezeiten, NJW 2021, 265.

Sander/Hilberg/Bings, Arbeitsschutzrechtliche Fürsorge- und Schutzpflichten sowie Haftungsrisiken für Arbeitgeber im Zusammenhang mit COVID-19, COVuR 2020, 347

Stoklas, Datenschutz in Zeiten von Corona, ZD-Aktuell 2020, 07093

Schmeisser/Fauth, Kurzarbeit in Zeiten der Corona-Krise, COVuR 2020, 363

Weller/Lieberknecht/Habrich, Virulente Leistungsstörungen – Auswirkungen der Corona-Krise auf die Vertragsdurchführung, NJW 2020, 1017

Gesetzesmaterialien

BT-Drs. 19/23944 vom 03.11.2020
BT-Drs. 19/18697 vom 21.04.2020

Link-Verzeichnis

Hier finden Sie den Titel der im jeweiligen Bundesland maßgeblichen Vorschrift sowie Links zu Homepages, auf denen die jeweiligen "Corona- Vorschriften" der Bundesländer zu finden sind.

Baden-Württemberg
Verordnung der Landesregierung über infektionsschützende Maßnahmen gegen die Ausbreitung des Virus SARS-CoV-2
(Corona-Verordnung – CoronaVO)
https://www.baden-wuerttemberg.de/de/service/aktuelle-infos-zu-corona/uebersicht-corona-verordnungen/

Bayern
Elfte Bayerische Infektionsschutzmaßnahmenverordnung
(11. BayIfSMV)
https://www.verkuendung-bayern.de/baymbl/2020-737/
sowie:
https://www.stmgp.bayern.de/coronavirus/rechtsgrundlagen/

Berlin
SARS-CoV-2-Infektionsschutzverordnung
https://www.berlin.de/corona/massnahmen/verordnung/

Brandenburg
SARS-CoV-2-Eindämmungsverordnung
https://kkm.brandenburg.de/kkm/de/verordnungen/

Bremen
Dreiundzwanzigste Verordnung zum Schutz vor Neuinfektionen mit dem Coronavirus SARS-CoV-2 (Dreiundzwanzigste Coronaverordnung)
https://www.gesetzblatt.bremen.de/fastmedia/218/2020_12_15_GBl_Nr_0156_signed.pdf

Hamburg
Verordnung zur Eindämmung der Ausbreitung des Coronavirus SARS-CoV-2 in der Freien und Hansestadt Hamburg
(Hamburgische SARS-CoV-2-Eindämmungsverordnung –
HmbSARS-CoV-2-EindämmungsVO)
https://www.hamburg.de/verordnung/

Hessen
Verordnung zur Beschränkung von sozialen Kontakten und des Betriebes von Einrichtungen und von Angeboten aufgrund der Corona-Pandemie
(Corona-Kontakt- und Betriebsbeschränkungsverordnung)
https://www.hessen.de/fuer-buerger/corona-hessen/verordnungen-und-allgemeinverfuegungen

Mecklenburg-Vorpommern
Corona-Landesverordnung Mecklenburg-Vorpommern
(Corona-LVO M-V)
https://www.regierung-mv.de/corona/Verordnungen-und-Dokumente/

Niedersachsen
Niedersächsische Verordnung über Maßnahmen zur Eindämmung des Corona-Virus SARS-CoV-2
(Niedersächsische Corona-Verordnung)
https://www.niedersachsen.de/Coronavirus/vorschriften-der-landesregierung-185856.html

Nordrhein-Westfalen
Verordnung zum Schutz vor Neuinfizierungen mit dem Coronavirus SARS-CoV-2 (Coronaschutzverordnung – CoronaSchVO) in der ab dem 23. Dezember 2020 gültigen Fassung
https://www.mags.nrw/coronavirus-rechtlicheregelungen-nrw

Rheinland-Pfalz
Fünfzehnte Corona-Bekämpfungsverordnung Rheinland-Pfalz (15. CoBeLVO) vom 8. Januar 2021
https://corona.rlp.de/de/service/rechtsgrundlagen/

Saarland
Verordnung zur Änderung infektionsrechtlicher Verordnungen zur Bekämpfung der Corona-Pandemie
https://www.saarland.de/DE/portale/corona/service/rechtsverordnung-massnahmen/rechtsverordnung-massnahmen_node.html

Sachsen-Anhalt
Neunte Verordnung über Maßnahmen zur Eindämmung der Ausbreitung des neuartigen Coronavirus
(SARS-CoV-2 Eindämmungsverordnung)
https://coronavirus.sachsen-anhalt.de/amtliche-informationen/

Schleswig-Holstein
Landesverordnung zur Bekämpfung des Coronavirus SARS-CoV-2
https://www.schleswig-holstein.de/DE/Schwerpunkte/Coronavirus/_documents/teaser_erlasse.html

Thüringen
Thüringer Verordnung zur Fortschreibung und Verschärfung
außerordentlicher Sondermaßnahmen
https://www.tmasgff.de/covid-19/rechtsgrundlage

Stichwortverzeichnis

5

Stichwortverzeichnis

5

www.WALHALLA.de

5